网络利他行为

对青少年的影响研究

郑显亮◎著

中国社会科学出版社

图书在版编目（CIP）数据

网络利他行为对青少年的影响研究／郑显亮著．—北京：
中国社会科学出版社，2018.4
ISBN 978 – 7 – 5203 – 2394 – 9

I.①网…　Ⅱ.①郑…　Ⅲ.①互联网络—影响—青少年—研究
Ⅳ.①C913.5

中国版本图书馆 CIP 数据核字（2018）第 083216 号

出 版 人	赵剑英	
责任编辑	喻　苗	
责任校对	夏慧萍	
责任印制	王　超	

出　　版	中国社会科学出版社
社　　址	北京鼓楼西大街甲 158 号
邮　　编	100720
网　　址	http://www.csspw.cn
发 行 部	010 – 84083685
门 市 部	010 – 84029450
经　　销	新华书店及其他书店

印　　刷	北京明恒达印务有限公司
装　　订	廊坊市广阳区广增装订厂
版　　次	2018 年 4 月第 1 版
印　　次	2018 年 4 月第 1 次印刷

开　　本	710 × 1000　1/16
印　　张	12.25
插　　页	2
字　　数	161 千字
定　　价	49.00 元

前　言

　　网络利他行为是指人们在网络环境中表现出来的有利于他人和社会，且不期望得到任何回报的自觉自愿行为。随着积极心理学的发展，网络利他行为作为积极心理学的一个重要主题而日益受到研究者的关注。研究者指出，网络利他行为有利于青少年避免网络行为失范，可以有效提高青少年的网络道德选择与行为能力。

　　我对网络利他行为的关注和研究已近十年。2007 年我攻读博士学位时，就把网络利他行为作为我的博士学位论文选题。在我的博士学位论文《大学生网络利他行为：量表编制与多层线性分析》中，编制了一个有较高信效度的网络利他行为量表，并对大学生的网络利他行为进行了初步研究。此后，我以网络利他行为为主题成功申报了几个省部级课题。其中，在教育部人文社会科学研究课题"青少年网络利他行为的影响因素与干预研究"中，我对青少年网络利他行为的影响因素及其作用机制进行了较深入系统的探讨。2013 年，我出版了专著《网络利他行为的理论与实证研究》，该著作是国内第一部有关网络利他行为的专著。但是，这些研究主要是针对网络利他行为的现状及影响因素（前因变量）的探讨，缺少网络利他行为后果变量的考察。网络利他行为对青少年的心理发展会产生怎样的影响呢？我想对这个问题做进一步的探讨。因此，我在2013 年申报国家社会科学基金青年项目"网络利他行为对青少年影响的社会心理机制研究"并成功立项。在该课题的资助下，我深入开展了网络利他行为对青少年心理发展的影响研究。本书即是该课题的主要研究成果。

本书旨在借鉴国内外研究成果的基础上，就网络利他行为对青少年的道德发展、人格特质、主观幸福感和心理健康等方面的影响及其作用机制进行深入的实证探讨。具体阐述如下：运用质性研究方法探讨网络利他行为对青少年道德发展的影响过程及其机制（见第二章）；运用结构方程模型、层次回归分析等方法揭示网络利他行为对青少年人格特质（如乐观、感恩、希望、谦虚）的影响机制（见第三章到第七章）；根据相关文献提出网络利他行为对青少年主观幸福感的影响模型，并对该模型进行实证检验（见第八章、第九章）；运用实验设计方法探讨网络利他行为对青少年心理健康的影响（见第十章）。本书的研究成果可以为学校、家庭及相关部门对青少年网络行为的教育引导与构建和谐社会提供新的参考依据。

在撰写过程中参考了许多国内外文献。我的研究生谢园梅参与撰写了本书第二章初稿，胡雪琴参与了实验研究的班级团体辅导。本书的出版得到国家社会科学基金青年项目（项目编号：13CSH054）经费资助。本书责任编辑喻苗为本书做了仔细的审校。在此一并表示衷心的感谢！

由于本人水平有限，书中的错误缺点难免，恳请专家与广大读者指正。

郑显亮

2017 年 5 月

于赣南师范大学教育科学学院

目　录

第 一 章

文献综述与问题提出

第一节 网络利他行为的概念

法国哲学家和伦理学家奥古斯特·孔德最早把利他主义的概念引入道德理论，并把利他主义作为伦理学体系的基础（邓婕、杨淑萍，2014）。利他行为本质上是一种亲社会行为，Trivers（1971）认为利他行为是一种明显对自己不利却有利于另一个个体的行为，但个体仍愿意做出这种行为。Balson 和 Shaw（1991）更强调行为的动机因素，指出利他行为是个体出于自愿且不期望得到回报的一种社会性行为。可以看出，利他行为是个体不求回报、自觉自愿做出的有利于他人的行为，并且在行为的过程中没有明显的利己动机。先前对于利他行为的研究主要是集中于现实生活中，近年来越来越多的研究者关注到在网络环境中也存在利他行为，并且相对于现实利他行为有着自己的特点。目前心理学领域对于网络利他行为的研究正处于起步的阶段，很多学者已经尝试从不同的视角对网络利他行为进行定义和解释，以期对利他行为进行更深入的探究。

目前研究者们对于网络利他行为的界定还没有统一，但是不同研究者给网络利他行为的定义之间并没有太大的分歧。王小璐和风笑天（2004）认为，网络利他行为是指在网络环境中发现的、对他人有益且没有明显的自私动机，同时对自身会有物质损失的自觉自愿行为。彭庆红和樊富珉（2005）把网络利他行为界定为个体在网络环境中做出的使他人获益同时行动者本人又没有明显自私动机的自觉自愿行为。危敏（2007）也认为，网络利他行为是指发生在网络环境中的利他行为，本质上与现实生活中的利他行为没有太大区别。郑显亮（2013）综合前人研究的成果认为，可以从以下几个方面来描述和界定网络利他行为：（1）网络利他行为是以网络媒体为平台，是发生在网络环境中的行为；（2）网络利他行为以对他人有利为目的；（3）网络利他行为是个体一种自觉自愿的行为，不是个体受外界压力所做出的行为；（4）网络利他行为的主体不期待任何形式的回报或奖励，但可能在做出网络利他行为之后产生情感上的内在奖赏（如荣誉感等）；（5）网络利他行为个体自身在时间、精力等方面可能会有所损失。

综上所述，大多数学者都认为网络利他行为是现实利他行为在网络环境中的延伸，强调网络利他行为是一种对行为实施者有某些方面的损失，而受助者在行为中受益，并且行为是在实施者完全自愿的情况下进行的，并且不排除实施者在进行这种行为之后获得额外的奖励（如自尊得到满足、意外受到其他的奖励等）。

第二节　网络利他行为的研究现状

随着网络时代的到来，网络影响着人们生活的方方面面，因此越来越多的研究者关注网络心理和行为。网络利他行为的研究也取得了一些阶段性的成果。查阅相关文献发现，对网络利他行为的研究主要集中在网络利他行为的特征、结构、表现形式、影响因素等几方面。

一　网络利他行为的特征

网络利他行为由于与现实利他行为发生的场景不一样，也呈现出一些与现实利他行为不一样的特点。对此，相关领域的学者也对网络利他行为的特征进行了一些探讨。

Wallace（2001）认为从本质上来看，网络利他行为和现实利他行为之间并没有本质上的区别，唯一的不同只是行为发生的环境不同。郭玉锦和王欢（2010）认为网络利他行为出现的频率会高于日常生活中的利他行为，可能是因为网络利他行为发生在网络环境中，网络环境的特殊性使得相比现实生活中的利他行为，网络利他行为更容易发生。彭庆红和樊富珉（2005）指出网络利他行为的特点包括以下几个方面：（1）精神性，即网络利他行为是一种信息之间的流动；（2）广泛性，即网络利他行为的发生不受地点、时间等的限制；（3）及时性，即网络利他行为是一种求助与受助动作几乎可以同时发生的行为；（4）非隐秘性，即除了故意隐藏信息的行为，整个网络利他行为的过程都公开地呈现在网络平台上，大众都可以看到。丁迈和陈曦（2009）则认为网络利他行为具有形式上的单一性、利他者本人的自觉性、行为的延时性、利他者的损失性等特点。危敏（2007）通过个案研究发现大学生的网络利他行为具有及时性、非物质性、持续互动性的特点。王小璐和风笑天（2004）研究发现，青少年的网络利他行为特点有以下几方面：（1）青少年网络利他行为具有及时、有效性的特点；（2）青少年网络利他行为群体具有异质性；（3）青少年的知识优势在网络利他行为中表现得很明显；（4）青少年的网络利他行为具有持续的互动性的特点；（5）在网络中阻碍青少年利他行为发生的因素越来越弱；（6）青少年的网络利他行为具有明显的现实意义。安晓璐（2005）则以大富翁论坛和中国软件网专家论坛这两个网络程序员平台为研究对象，探讨了在类似的虚拟社区中利他行为的新特点。她认为与现实社会中的利他行为和其他形式的网络利他行为相比，"程序员社区"中的利他行为呈现出以下的特点：（1）非偶发性；（2）延时性；（3）"旁观者效应"减少；（4）高效率。

综合以上学者的研究结果发现，大多数学者都认为网络利他行为具有非物质性、及时性、持续互动性等特点。尽管网络利他行为与现实利他行为在本质上没有太大的区别，但通过对不同年龄段和不同网络媒体的研究发现，网络利他行为还有着与现实利他行为不同的特点，关于这方面内容还需要相关研究者进行更加深入的研究。

二 网络利他行为的结构

关于网络利他行为的结构维度研究方面，主要有郑显亮（2010）编制的针对大学生的网络利他行为量表。郑显亮发现网络利他行为包含四个因子：网络支持（在网络环境中给别人提供情感、信息等支持，帮其渡过难关）、网络指导（在网络环境中给别人提供指引性的帮助，帮其顺利完成任务）、网络分享（在网络环境中分享一些与别人有关或者别人需要的信息）、网络提醒（在网络环境中提醒别人一些不良的信息或者提醒别人不要受骗）。此外，郑显亮（2012）还对大学生网络利他行为量表运用到中学生群体的信效度进行了检验，发现大学生网络利他行为量表的结构模型在中学生中也具有相对的稳定性，交互效度很好，同时量表也具有较好的效标效度，因此大学生网络利他行为量表同样适用于中学生。

三 网络利他行为的表现形式

在网络利他行为的表现形式方面，研究者也进行了一些有益的探讨。例如，王小璐和风笑天（2004）认为网络利他行为主要表现在技术服务、信息咨询、在线提供资源、提供精神支持、支持游戏和提供社会救助这六个方面。彭庆红和樊富珉（2005）则认为大学生的网络利他行为主要表现在：提供无偿信息咨询、提供免费资源共享、进行免费技术或方法指导、帮助新手学习上网技术、宣传与发动社会救助、提供精神安慰或道义支持、提供虚拟资源援助、提供网络管理义务服务等方面。安晓璐（2005）认为从行为的主体来看，可以区分出 4 种不同的网络利他行为：（1）专业救助网站；（2）各种活跃的虚拟社区；（3）网页与服务器的资料共享；（4）在公共聊天室、电子邮件中偶然发生的帮助行为。卢晓红（2006）则认为网络利他行为主要表现在网络指导行为、网络助人行为、网络支持行为 3 个方面。余兰（2007）也研究了大学生 BBS 中的网络利他行为，并把大学生 BBS 中的利他行为分为资源共享、BBS 管理的无私服务、发动社会救助三类表现形式。

综上所述，在之前的研究中对于网络利他行为的表现形式的研究得出的主要结论是基于具体的利他行为事件或不同的群体而言，概括起来比较繁杂。有些学者从利他行为发生的地点来进行概括，有些从利他行为的内容来进行概括。笔者认为可以从网络利他行为的结构来进行概括，包括网络支持行为、网络指导行为、网络分享行为、网络提醒行为，这样几乎所有的网络利他行为都可以概括在内。

四　网络利他行为的影响因素

查阅以往的研究文献发现，研究者对网络利他行为的影响因素研究基本上都会从助人者、受助者、环境三个方面来进行分析，这三者共同影响着网络利他行为的发生和发展，对于这三个方面的具体研究的内容主要表现在对施助者实施利他行为的得失、受助者人格特征或网络特征对利他行为发生的影响、虚拟社区的独特性等几个方面（郑丹丹、凌智勇，2007）。

研究表明，助人者因素与网络利他行为相关程度最高，主要表现在助人者的内在动机和助人者的助人能力这两方面（丁迈、陈曦，2009）。助人者是否具有良好的助人动机，以及助人者是否具备解决该问题的能力是决定网络利他行为是否能发生的关键，也是网络利他行为实现的基本保障。程乐华（2002）认为网络利他行为个体具有丰富的网络经验，或者有专长，因而他们都能够在自己擅长的领域给其他人提供帮助和指导。这种行为能从两方面促进其助人行为：一是这种网络助人行为客观上提升了自己的自我肯定和自我价值意识，不断获得的内部的正强化；二是受助者对网络利他行为帮助的谢意和理解都会形成外部的正强化。王小璐和风笑天（2004）认为影响青少年网络利他行为的助人者因素包括：青少年作为网络生活的主体、青少年在社会责任感方面表现更多、青少年更容易受到他人行为的强化等因素。同时研究表明求助者与助人者的相似性也会影响网络利他行为是否发生，求助者与助人者之间的相似性越大，越容易促使网络利他行为的发生。Nicolas（2008）就通过电子邮件研究发现同种族的网络利他行为比不同种族的利他行为要多。还有研究表明，男性与女性在网络利他行为方面的表现也不尽相同，表现出一定的性别差异，Wallace（2001）指出男性更愿意在计算机和网络知识与技能方面给他人提供帮助，女性则表现出更多的情感支持。李炜（2012）研究发现，总体上在校硕士研究生的网络利他行为不存在性别、年级和专业上的显著差异，但是在不同因素的各维度上却表现出各自的一些特点，如女生比男生表现出更多的网络支持，男生相比女生有更多的网络指导行为，理科生比文科生表现出更多的网络提醒，但更少表现网络支持。经查阅资料发现，目前国内的研究者对网络利他行为的实证研究比较少，而国外网络利他行为的实证研究大多数是针对聊天室、电子邮件、网络游戏、博客、网络支持小组等一些专门领域的网络利他行为进行研究，研究在特定的网络媒体平台上，不同群体之间在网络利他行为上表现得不同。例如，Markey（2000）对聊天室里利他行为进行了深入的研究后发现，在人数越多的聊天室，个体需要越长的时间来获得帮助，并且个体花在聊天室的时间与网络利他行为呈正相关。Barron和Yeehiam（2002）对电子邮件中利他行为的研究则证实了电子邮件中利他行为存在着旁观者效应，即有旁观者的在场降低了个体回复E-mail帮助求助者的意愿。但研究显示不回复电子邮件的帮助他人的人数与旁观的人数并不存在比例上的关系。Chih-

Chien 和 Chia-Hsin（2008）研究了在网络游戏中存在的助人行为，发现利他主义和互惠主义都会影响到助人行为的发生，同时发现男性在游戏中寻找异性友谊的可能性比女性要高。Tai-Kuei、Long-Chuan 和 Tsai-Feng（2010）则调查研究了博客上的知识分享行为，发现乐于助人、分享文化及有用性三个方面都会对知识分享行为产生影响。

五 网络利他行为的相关研究

还有一些研究主要集中于考察网络利他行为与其他因素之间的关系，主要表现在网络利他行为与助人者的人格方面。例如，郑显亮、张婷和袁浅香（2012）通过考察网络利他行为与自尊、通情之间的关系，发现了自尊对大学生的网络利他行为有着直接的影响，同时通情在大学生网络利他行为与自尊之间起到中介的作用。郑显亮和顾海根（2012）同时运用大学生网络利他行为量表、"大五"人格量表和自尊量表对大学生进行了研究，发现除了神经质与利他行为呈负相关之外，自尊和其他因子都与网络利他行为呈显著的正相关，宜人性与网络利他行为不存在显著相关，自尊在外倾性、开放性与网络利他行为之间起部分中介作用，在责任性、神经质与网络利他行为之间起完全中介作用。还有学者研究发现了网络社会支持对网络利他行为产生直接或间接的影响。例如，郑显亮（2013）考察了大学生乐观人格、焦虑、网络社会支持与网络利他行为之间的关系模型，发现大学生乐观倾向、焦虑、网络社会支持都能正向预测网络利他行为，网络社会支持不仅在乐观倾向对网络利他行为影响中起到部分中介作用，其在焦虑对网络利他行为影响中也起部分中介作用。徐庆春（2014）也发现网络社会支持对网络利他行为具有显著的正向预测作用，自尊不仅对网络利他行为有正向预测作用，并且在网络社会支持与网络利他行为的关系中起部分中介作用。赵欢欢、张和云、刘勤学、王福兴和周宗奎（2012）探讨了大学生的特质移情与网络利他行为之间的关系，以及网络社会支持在大学生特质移情和网络利他行为之间所起的中介效应。郑显亮和顾海根（2013）探讨了学校背景变量对大学生网络利他行为及其与网络行为偏好间关系的影响，发现大学生网络利他行为存在显著的学校差异，在控制其他因素之后发现网络行为偏好能正向预测网络利他行为。李炜（2012）还发现网络利他行为与道德判断呈现显著正相关，道德判断对网络利他行为及其各个维度有正向预测的作用，且在解释量上表现出了性别和专业上各自的特点。陶威（2013）研究发现，个体网络自我效能与网络利他行为之间存在显著的网络使用动机的中介作用，个体的网络使用动机能调节网络自我效能对网络利他行为之间的影响。赵欢欢和张和云（2013）研究显示，网络交往动机能直接对网络利他行为产生影响，而网络人际信任也会在两者之间起部分中介效应，网络交往动机会通过网络人际信任对网络利他行为产生影响。张敏、王乐乐和刘静（2014）研究发现大学生的网络利他行为直接受到感戴因素的影响，同时感戴以现实利他行为为中介变量也能对网络利他行为产生间接影响。

第三节 我国心理学质性研究现状的文献计量学分析

质性研究（qualitative research）又称为质化研究、质的研究，是指以研究者本人作为研究工具，在自然情境下采用多种资料收集方法对社会现象进行整体性的探究，使用归纳法分析资料和形成理论，通过与研究对象互动对其行为和意义建构获得解释性理解的一种活动（陈向明，2000）。质性研究是一种在社会科学和教育学领域经常使用的研究方法，它不单单指一种方法，而是许多不同研究方法（如现象学、民族志、扎根理论等）的统称。质性研究将心理现象看作是研究对象的生活世界，而不仅仅是作为一个客观存在的世界，质性研究对象的生活世界是鲜活的，质性研究更重视人文性。质性研究认为研究者与被研究者在研究的过程中是一个动态的、互动的过程，研究过程也就是两者之间相互影响的过程，缩小研究者与研究对象之间的距离是研究者特别重视的方面，研究者能尽量站在研究对象的角度去看待研究的主题，能够不断深入到被研究对象的内心世界，从而获得与研究对象相同的体认与理解（Jacob，1987）。质性研究在承认研究者个人价值观对研究的主观影响的基础之上，对自我的影响进行充分的内省（秦金亮、郭秀艳，2005）。有研究者指出，质性研究方法与传统的量化研究方法在研究设计上有很大的不同，量化研究是一种假设检验研究（hypothesis-testing research），而质性研究被认为是一种假设生成研究（hypothesis-generating research）（周明洁、张建新，2008）。Denzin 和 Lincoln（1994）把质性研究的发展分为五个时期，认为当前质性研究者对研究的价值取向和实际作用的意识更加敏锐，更加重视以行动为取向的研究，提倡让被研究者亲自参与研究，直接从研究中获得行动的力量和策略。

传统观点认为量化研究是成熟学科的标志，质性研究一般用于科学研究的初级阶段，只是对量化研究的一种补充。心理学研究一直以来也是以量化研究为主的。随着心理学的不断发展，研究者们越来越意识到量化研究在心理学研究中的不足，而质性研究有其独特的优势。研究者认为，质性研究能在微观层面上对心理现象进行较细微的描述和分析，能从当事人的角度了解其看问题的方式和观点，注意在自然情境下研究生活事件，能了解事件发展的动态过程并建立理论（杨智辉，2011）。由此，质性研究开始突破量化传统的坚冰，在咨询和临床心理学、社会心理学、教育心理学中崭露头角，成为心理学研究方法的一个新的范式（Morrow，2007）。质性研究已慢慢向心理学的其他领域扩展，逐渐形成了一股思潮，以至有心理学家称质性研究是继行为主义、精神分析、人本主义心理学、文化心理学之后心理学的"第五势力"（Ponterotto，2002）。

那么，质性研究在我国心理学研究领域中的使用情况怎样呢？这还未见相关研究报告。因此，本书拟运用文献计量法客观地对国内心理学质性研究的文献进行梳理和分析，探讨心理学质性研究在国内的发展现状以及存在的问题，以期促进国内心理学质性研究的发展。

一　研究方法

（一）文献取样

使用文献信息学常规检验方法，以中国知网数字图书馆、万方数据库、中文科技期刊数据库为平台，以"质性研究""质的研究"和"质化研究"为主题进行文献搜索，对 2014 年 1 月 1 日之前发表在心理学主流期刊（包括《心理学报》《心理科学》《心理发展与教育》《心理科学进展》《中国临床心理学杂志》《心理与行为研究》《心理学探新》《应用心理学》《中国心理卫生杂志》《社会心理科学》《中国健康心理学杂志》11 个期刊）上的文献进行统计。查找出质性研究文献 56 篇。其中《心理学报》2 篇、《心理科学》13 篇、《心理发展与教育》0 篇、《心理科学进展》1 篇、《中国临床心理学杂志》16 篇、《心理与行为研究》0 篇、《心理学探新》5 篇、《应用心理学》2 篇、《中国心理卫生杂志》5 篇、《社会心理科学》2 篇、《中国健康心理学杂志》10 篇。

（二）分析类目与单元

在参考有代表性的相关研究成果基础上，确定了研究方法、资料收集的方法、研究领域、研究对象、文章发表时间、论文作者 6 项为分析单元。

（三）统计方法

文献计量法，以频次、百分比统计方法为主。

二　结果与分析

（一）研究方法分析

由表1—1可知，在56篇心理学质性研究的论文中，单纯地使用质性研究方法的文献有33篇，占总论文数的59.0%；质性研究与量化研究相结合的文献有11篇，占总论文数的19.6%；对于质性研究方法本身探讨的有12篇，占总论文数的21.4%。

表1—1　　　　　　　　　　研究方法分布

研究方法	质性研究方法	质性与量化相结合	质性方法综述
篇数（篇）	33	11	12
百分比（%）	59.0	19.6	21.4

（二）资料收集方法分析

由表1—2可知，在44篇关于心理学应用的质性研究文献中，使用访谈法收集数据的有32篇，占总文献数的72.7%；使用观察法收集数据的有1篇，占总文献数的2.3%；使用实物收集的有4篇，占总文献数的9.0%；综合方法类的有7篇，占总文献数的16.0%。

表1—2　　　　　　　　　　资料收集方法分布

资料收集方法	访谈	观察	实物收集	综合
篇数（篇）	32	1	4	7
百分比（%）	72.7	2.3	9.0	16.0

（三）研究领域分析

由表1—3可知，在心理学质性研究中，研究内容主要分布在社会心理学、临床与咨询心理学、发展心理学和教育心理学等领域。其中社会心理学 23 篇，占总文献数的 41.1%；临床与咨询心理学 14 篇，占总文献数的 25%；发展心理学 9 篇，占总文献数的 16.1%；教育心理学 4 篇，占总文献数的 7.1%；其他领域 6 篇，占总文献数的 10.7%。

表 1—3　　　　　　　　　　　　研究领域分布

研究内容	社会心理学	临床与咨询心理学	发展心理学	教育心理学	其他
篇数（篇）	23	14	9	4	6
百分比（%）	41.1	25	16.1	7.1	10.7

（四）研究对象分析

从表 1—4 可知，在心理学质性研究中，研究对象主要有儿童、青少年、大学生和特殊群体。其中研究儿童的有 4 篇，占总文献数的 9.1%；研究青少年的有 4 篇，占总文献数的 9.1%；研究大学生的有 13 篇，占总文献数的 29.5%；研究特殊群体的有 23 篇，占总文献数的 52.3%。特殊群体主要包括创伤后反应人群、丧亲个体、艾滋病感染者等。

表 1—4　　　　　　　　　　　　研究对象分布

研究对象	儿童	青少年	大学生	特殊群体
篇数（篇）	4	4	13	23
百分比（%）	9.1	9.1	29.5	52.3

（五）文献年代分析

由表 1—5 可知，2002 年之前没有见到心理学质性研究文献的相关报告；2002—2013 年，心理学质性研究文献的数量出现稍有起伏的变化，质性研究的小高峰出现在 2011 年，共有质性研究文献 11 篇，之后又有所下降。

表 1—5　　　　　　　　　　　文献年代分布

年份	2002	2003	2004	2005	2006	2007	2008	2009	2010	2011	2012	2013
篇数（篇）	3	1	1	3	1	3	7	9	5	11	7	5
百分比（%）	5.4	1.8	1.8	5.4	1.8	5.4	12.5	16.0	8.9	19.6	12.5	8.9

　　为进一步分析中国心理学质性研究文献的数量发展变化，特以年份为横轴，篇数为纵轴，做出文献随时间变化的发展曲线（见图1—1）。

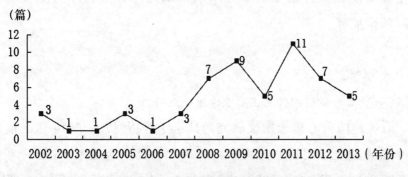

图 1—1　文献年代分布曲线

（六）研究方式及作者合作分布分析

　　由表1—6可知，心理学质性研究文献中，独著论文有11篇，占总文献数的19.6%；合著论文45篇，占总文献数的80.4%。在合著论文中，有17篇是2人合著，占总文献数的30.4%；3人合著的论文有16篇，占总文献数的28.6%；4人合著的论文有3篇，占总文献数的5.4%；5人及以上合著的论文有9篇，占总文献数的16.0%。可见，在心理学质性研究中主要以合作研究为主，尤其是以2人和3人合作研究最为突出。

表1—6　　　　　　　　　　研究方式及作者合作分布

作者人数	1人	2人	3人	4人	5人及以上
篇数（篇）	11	17	16	3	9
百分比（%）	19.6	30.4	28.6	5.4	16.0

进一步对心理学质性研究文献的作者（以第一作者为主）进行统计发现，在56篇心理学质性研究文献中，只有3位作者发表了2篇心理学质性研究文章，作者数量众多。表明心理学质性研究的核心作者（核心作者是指该研究领域内的高产作者，亦为高被引作者）尚未形成。

三　讨论

（一）需加强质性研究在心理学中的应用

通过对国内心理学质性研究的计量学分析发现，2014年之前在11个心理学主流期刊上共检索到心理学质性研究文献56篇，平均每个期刊约5篇文献；2002年之前没有见到心理学质性研究文献的相关报告，2002—2013年，心理学质性研究文献的数量出现稍有起伏的变化，但平均每年不到5篇；提示心理学质性研究的文献较少，心理学质性研究较薄弱。心理学质性研究文献偏少的原因可能有：（1）质性研究方法在心理学领域的重视程度不够。当前，心理学研究方法主要是量化研究，大多是用通过实验或问卷调查获得的数据来阐述某一心理或行为，而质性研究方法强调得较少，没有受到足够的重视。在一些心理学研究者看来，质性研究方法还不是一种"科学"的研究手段。（2）研究者没有熟练掌握质性研究方法。由于不重视质性研究方法，质性研究方法的推广普及程度不够。大多数心理学研究者对量化研究的方法都进行了系统的学习，对数据的处理分析非常熟悉，但质性研究的方法却很少接触，很少有学校对质性研究方法进行专门的讲解与练习，因此很多研究者不知道怎样进行质性研究。（3）发表质性研究文章的期刊较少。目前还没有一个专门的发表质性研究文章的期刊，而在心理学学术期刊中，适合质性研究发表的期刊很少，且其所占版面的比例很小，这在一定程度上也束缚了心理学质性研究的发展。可见，国内心理学质性研究还处于刚刚起步和发展阶段。因此，为促进心理学的良好发展，相关部门应采取一些积极措施以加强质性研究在心理学中的应用。

（二）应注重心理学质性研究的全面性

通过计量学分析发现，心理学质性研究还不够全面，具体表现在：（1）研究方法单一。在心理学质性研究文献中，使用一种方法进行研究数据收集的文献有 37 篇，占总文献数的 84.1%，说明在心理学质性研究中数据收集方法过于单一。（2）研究领域不够广泛。研究显示，心理学质性研究文献中，社会心理学领域、临床与咨询心理学领域各占总文献数的 41.1% 和 25%，其他领域的研究相对较少，研究领域不够广泛。（3）未形成核心作者群。研究发现，在 56 篇心理学质性研究文献中只有 3 位作者发表了 2 篇文章，说明心理学质性研究的作者队伍和研究选题离散性较大，未形成核心作者群，研究缺乏明确的目标和方向。由此可见，国内心理学质性研究还不够全面，还存在着诸多缺陷和不足。质性研究方法在心理学中的广泛应用还需要广大心理学研究者的不断努力与付出。

（三）应关注心理学中质性研究与量化研究的整合

质性研究和量化研究是心理学研究中两种不同的研究范式，各自有着自己的优缺点。比如，对心理现象进行量化研究，可以较好地发现趋势性的心理规律，却难以描述心理的动态过程及其作用机制（Creswell，1994）；而质性研究对心理现象能进行更细致和深刻的探索，但使研究缺乏严密的逻辑性（陈向明，2000）。质性研究和量化研究的优势互补为这两种方法的整合提供了契机。研究者指出，质性研究与量化研究进行整合，将会增加对所要研究问题的不同理解的视角，并且会使数据分析更加深入，从而为数据分析带来更广阔的前景（Christina & Bodil，2002）。本书发现，质性研究与量化研究相结合的心理学文献偏少，只有11篇，占总论文数的19.6%。这表明对于心理学质性研究和量化研究的有效整合还需要研究者更多更深入的探讨，以便更好地推动心理学的发展。

第四节 研究问题的提出

近年来，积极心理学（positive psychology）引起了学界的普遍关注。积极心理学倡导心理学的积极取向，致力于研究人的发展潜力和美德等积极品质，是当代心理学的最新进展（Sheldon & King，2001）。网络利他行为是指在网络环境中发生的有利于他人和社会且不期望得到任何回报的自觉自愿行为（Joinson，2003；郑显亮，2013），是积极心理学的一个重要主题。然而纵观网络心理和行为的研究，发现大多数研究探讨的是网络产生的消极影响，如网络成瘾、网络侵犯、网络色情等，而网络产生的积极影响方面被多数研究者忽略了（Amichai-Hamburger & Furnham，2007）。网络利他行为是网络给人们带来积极影响的集中体现。Wallace（2001）指出，网络利他行为要多于现实生活中的利他行为，人们在网上比实际生活中更乐于帮助别人。由于网络社会的自由性、开放性、虚拟性、匿名性等特点（McKenna & Bargh，2000），网络利他行为呈现出不同于现实生活的独特性质（郑丹丹、凌智勇，2007；郑显亮，2013）。网络利他行为对助人者、受助者及社会均有重要价值（Kendall，2002；Lorig，Laurent，Deyo，Marnell，Minor & Ritter，2002；Wasko & Faraj，2000）。由此一些学者呼吁对网络利他行为及其相关问题要进行深入系统的探索（Nicolas，2008；Nosek，Banaji & Greenwald，2002；Wright & Li，2011）。因此，对网络利他行为进行深入研究是心理学学科前沿发展趋势。

当前，学界对网络利他行为的研究主要集中在内涵（Amichai-Hamburger & Furnham，2007；Joinson，2003；Wallace，2001；丁迈、陈曦，2009）、表现形式（Kendall，2002；彭庆红、樊富珉，2005；王小璐、风笑天，2004）、结构维度（郑显亮，2010）、影响因素及机制（Nicolas，2008；Whitty & Joinson，2009；赵欢欢、张和云、刘勤学、王福兴、周宗奎，2012；郑显亮，2013）、对受助者的影响（Amichai-Hamburger，2008；Cummings，Sproull & Kiesler，2002；Lorig，et al.，2002）上，而很少关注网络利他行为对助人者的影响后果及机制。

中国互联网络信息中心（CNNIC）于 2016 年 1 月发布的第 37次《中国互联网络发展状况统计报告》显示，青少年是互联网使用的主力军。有研究表明，网络利他行为在青少年身上比较普遍（Wright & Li，2011；郑显亮，2013）。Amichai-Hamburger（2005）指出，网络利他行为有利于青少年避免网络行为失范，可以有效提高青少年的网络道德选择与行为能力。为了更好地促进青少年的网络利他行为，提高其网络道德水平，就有必要深入系统地了解青少年网络利他行为对其造成的影响。但目前学界缺乏这方面的理论与实证研究。

综合上述分析，本书拟系统考察网络利他行为对青少年影响的社会心理机制，以丰富网络心理学和积极心理学的研究内容。

第五节 研究内容

本书拟系统全面地考察网络利他行为对青少年的道德发展、人格特质、主观幸福感和心理健康等方面的影响及作用机制。具体内容如下。

一　网络利他行为影响青少年道德发展的质性研究

马晓辉和雷雳（2011）对青少年的网络道德与网络利他行为的关系进行了探索，结果显示，网络道德认知和网络道德情感对青少年网络利他行为均有正向预测作用。提示网络利他行为与青少年道德发展有密切关系。但青少年网络利他行为对其道德发展（包括道德认知、道德情感、道德意志、道德行为、道德价值观等）的形成和发展究竟会产生什么样的影响呢？这有待进一步深入研究。任何事件都是在社会互动中相互联系，而不是单一的、离散的事件（Hoobler & Brass，2006）。要完全揭示网络利他行为对个体影响的动态过程，就要采用纵向研究或定性研究（Amichai-Hamburger，2008）。本书将响应这一呼吁，运用质性研究方法来探讨网络利他行为对青少年道德发展的影响过程及其机制（具体内容见第二章）。

二　网络利他行为对青少年人格特质的影响机制研究

网络利他行为是人们在互联网上表现出来的积极行为，是积极心理学的一个重要主题。积极心理学致力于研究人的积极人格特质以及影响人格形成的积极因素（Seligman & Csikszentmihalyi，2000）。那么，青少年网络利他行为对其积极人格特质（如乐观、感恩、希望、谦虚等）会产生什么影响呢？这有待系统深入的研究。因此，本书拟在相关理论文献的基础上，建构网络利他行为、积极人格特质和其他中介变量（或调节变量）之间的完整模型，系统考察网络利他行为对青少年积极人格特质的影响及其机制（具体内容见第三章到第七章，第三章、第四章是考察网络利他行为对青少年乐观人格的影响，第五章是考察网络利他行为对青少年感恩的影响，第六章是考察网络利他行为对青少年希望的影响，第七章是考察网络利他行为对青少年谦虚的影响）。

三　网络利他行为对青少年主观幸福感的影响机制研究

现有研究很少关注网络利他行为对个体主观幸福感的影响。本书将对相关理论进行系统梳理和分析，结合青少年网络利他行为的特点，提出网络利他行为对青少年主观幸福感的影响模型。然后通过大规模的问卷调查（包括线下的纸质问卷调查和线上的网络问卷调查），对提出的影响模型进行检验，揭示网络利他行为对青少年主观幸福感的影响路径及其机制（具体内容见第八章和第九章）。

四　网络利他行为对青少年心理健康的影响机制研究

有研究发现，受助者从在线志愿工作小组的利他行为中获得了自我效能感的增强和心理健康水平的提高（Cummings，Sproull & Kiesler，2002）。可见，网络利他行为对受助者的心理健康产生了积极影响。网络利他行为对助人者的心理健康会产生什么影响呢？这有待进一步研究。本书将采用实验设计方法探索青少年网络利他行为对其心理健康的影响及其机制（具体内容见第十章）。

第六节　研究目的

本书旨在借鉴国内外研究成果的基础上，运用质性研究方法探讨网络利他行为对青少年道德发展的影响过程及其机制；运用结构方程模型揭示网络利他行为对青少年人格特质的影响机制；根据相关研究提出网络利他行为对青少年主观幸福感的影响模型，并对该模型进行实证检验；运用实验设计方法探讨网络利他行为对青少年心理健康的影响，以期为学校、家庭及相关部门对青少年网络行为的教育引导与构建和谐社会提供新的参考依据。

第七节　研究思路

　　本书将遵循"理论研究与实证研究相结合，质性研究与量化研究相结合"的原则，综合采用文献法、深度访谈法、内容分析法、问卷法、网络测验法和实验法获取数据，运用多元方差分析、多元回归分析和结构方程模型进行数据分析。本书的思路和技术路线如图 1—2 所示。

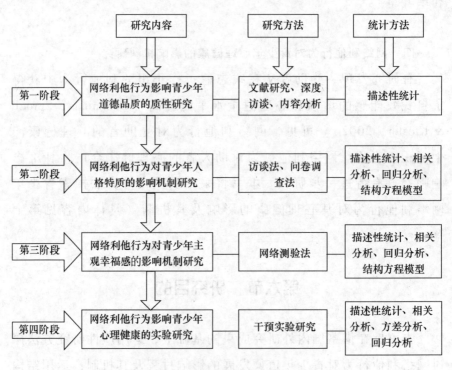

图 1—2　本书的思路与技术路线

第八节 研究意义

一 理论意义

对网络利他行为进行社会心理学研究，探讨网络利他行为对青少年心理形成和发展的影响机制，极大丰富了网络心理学、积极心理学和品德心理学的研究内容，又为未来的相关研究提供了理论依据，因此具有重要的理论意义。

二 实践意义

党的十八大报告指出，要"加强社会公德、职业道德、家庭美德、个人品德教育，弘扬中华传统美德，弘扬时代新风"，要"唱响网上主旋律"。教育部在《关于加强中小学网络道德教育抵制网络不良信息的通知》（2010）中强调，要重视对青少年网络行为的教育与引导。网络利他行为是道德行为的有机组成部分，蕴含着巨大的德育价值。本书探讨网络利他行为对青少年影响的社会心理机制，对广大青少年的网络行为进行积极引导，有利于形成在网络上互帮互助的良好风气，有助于加强青少年的社会公德、思想品德及美德教育，较好地贯彻和落实党的十八大精神和教育部的相关文件，对"弘扬时代新风""唱响网上主旋律""学雷锋活动常态化"及促进社会的和谐发展，具有重要的实践意义。

第二章

网络利他行为影响青少年道德
发展的质性研究

第一节　引言

网络作为一种新型媒介越来越深入地影响着人们的现实生活。中国互联网络信息中心（CNNIC）发布的统计报告显示，截至 2015 年 12 月 31 日，在上网群体中，年龄在 10—19 岁的网民占总网民数的 21.4%。其中从网民职业来看，学生群体是网民中规模最大的职业群体，占比为 25.2%，远远高于其他职业群体。数据显示，随着互联网的高速发展，网络技术的发展和应用改变了长久以来人们的生活方式、学习方式和交流方式，使人们的生活更加便捷和快速，青少年学生作为使用互联网最大的群体，毫无疑问也将成为受互联网影响最大的群体之一。

青少年网络行为的发展很早就受到研究者的关注，越来越多的学者对青少年的网络行为进行了探讨。但是目前的研究主要集中于网络对青少年心理行为发展的负面影响的考察。随着时代的发展，尤其是受到积极心理学的影响，研究者的兴趣也正从关注网络环境对青少年的消极影响向积极影响方面过渡。人们发现，网络除了对青少年产生负面影响之外，网络世界也同现实生活中一样存在着利他行为。青少年的网络利他行为也逐渐受到研究者的关注，如郑显亮（2013）编制了网络利他行为量表，并研究了多种个体特质与网络利他行为之间的关系。张敏、王乐乐和刘静（2014）研究了感戴与网络利他行为和现实利他行为之间的关系。

青少年时期是人生观、价值观的形成时期，正处于道德发展的重要阶段。随着互联网的不断普及，网络已成为青少年日常学习、生活和娱乐不可缺少的重要组成部分。毫无疑问，网络的开放性、虚拟性、平等性、自主性等特征会对青少年产生潜移默化的影响。可以说，网络对青少年道德发展的影响力越来越大，青少年正日益受到网络文化的熏陶，身上打上了深刻的网络烙印。有研究者指出，虽然网络对青少年道德发展有一些消极影响，但也有一定的积极意义，如有利于培养青少年的自律意识、公平意识和创新意识（黄代翠，2008）。

那么，青少年的网络利他行为对于其自身的道德发展有着怎样的意义呢？有研究者强调，体验教育是青少年道德品质培养的重要途径，要让青少年尽可能地多做实事，在社会实践活动中掌握知识、培养人生观和价值观（杨智榕，2015）。青少年道德发展的主体是他们自身。青少年只有在日常生活中从事道德实践，使自主的道德实践不断获得成功的经验，才能有效促进其道德发展。而网络利他行为就是一种良好的道德实践。因此，笔者认为，青少年网络利他行为势必会对其道德发展产生一定影响。

为了更清晰、更真实地阐述网络利他行为对青少年道德发展的影响，本书拟采用质性研究方法。质性研究（qualitative research）又称为质化研究或质的研究，是指在研究的过程中，以研究者本人为研究工具，在自然情境下采用多种资料收集方法对社会现象进行整体性的探究，使用归纳法分析资料和形成理论，通过与研究对象互动对其行为和意义建构获得解释性理解的一种活动（陈向明，2000）。一般认为，质性研究更能从微观层面上对心理现象进行较细微的描述和分析，能从研究对象的角度了解其看问题的方式和观点，更能了解研究对象与研究主题之间的"真实"与"契合"，尽量保持在最接近真相的环境中进行研究，能了解事件发展的动态过程并形成相关理论（杨智辉，2011）。

质性研究具有探索社会现象、对意义进行阐释以及发掘整体和深层社会文化结构进而不断地发现和建构相关理论的作用，它通过研究者与研究对象之间的互动对事物进行深入、细致、长期的体验的方式，对事物的质得到一个比较全面的解释性的理解（陈向明，2000）。质性研究强调从被研究者的角度了解他们内心的真实想法，注意他们的心理状态和心理意义建构，通常使用语言和图像作为描述的手段，在时间和空间的共同作用下，对事件的变化过程进行追踪，特别擅长对特殊现象进行探讨，最后发现问题或提出新的视角。使用质性研究方法研究青少年网络利他行为对其道德发展的影响不仅坚持了自然主义的传统，而且对其进行解释性的理解使青少年道德发展的研究更具有人文性，同时使用访谈法来收集资料使得研究做到真正地深入到被研究者的内心深处，倾听他们对于研究问题的理解和看法，使研究结果更加准确和真实。

第二节　研究方法

一　甄选被试

在江西省赣南地区抽取 3 所中学（其中在赣州市区选择了 1 所高中和 1 所初中，在赣州市龙南县选择了 1 所既有初中也有高中的中学），随机抽取了 2 个初二班级和 2 个高二班级（由于初三和高三都面临着升学的压力，初一和高一又处于新环境的适应中，所以每个学校每个年级选择了初二和高二的学生），对其进行网络利他行为量表的测试。对测试结果进行统计处理，然后根据网络利他行为的得分，每个班级选择 6 位，一共 24 位高网络利他行为的同学进行访谈收集数据。通过对访谈录音进行转译，形成文本，对形成

的文本进行整理和分析，发现相关理论。选择的 24 位访谈对象的
具体情况见表 2—1。

表 2—1　　　　　　　　　　　访谈对象基本信息

访谈对象	性别	年级
GR01	F	初二
GR02	F	初二
GR03	M	初二
GR04	M	初二
GR05	M	初二
GR06	M	初二
GS01	F	高二
GS02	M	高二
GS03	M	高二
GS04	F	高二
GS05	F	高二
GS06	M	高二
LC01	M	初二
LC02	F	初二
LC03	F	初二
LC04	M	初二
LC05	F	初二
LC06	F	初二
LC07	F	初二
LG01	F	高二
LG02	M	高二
LG03	F	高二

访谈对象	性别	年级
LG04	F	高二
LG05	M	高二

注：M 代表男生，F 代表女生。

二　深度访谈

在进行访谈之前，针对研究主题，根据网络利他行为的维度理论和道德品质的维度理论，编写相应的访谈问题。在与相关专业人员的充分讨论下，接受他们的建议，借鉴其他研究者的相关经验，并经过多次修改编制了半结构式的访谈提纲。对其他 2 位访谈者进行了相关的培训，先后分 4 次进行访谈。为了不影响正常的教学秩序，对访谈的地点进行了恰当的选择，访谈一般在学校心理咨询室或者老师的办公室等相对安静的地方进行。访谈之前向访谈对象说明研究者信息、研究目的和研究内容，对访谈过程录音以及论文成文时需要引用访谈对象原话的要求予以说明，征得访谈对象的同意。同时告诉访谈对象，他们可以根据自己的意愿随时退出访谈，访谈录音仅仅用于研究，不会用于其他商业用途。在访谈过程中，确保访谈环境的安静，以避免影响访谈对象对于访谈内容的诠释，从而获得更加真实自然的访谈资料。访谈者在自然情境下对访谈对象以开放式或半开放式的提问搜集被访者关于本研究主题的状态和看法。针对已经编写好的访谈提纲进行访谈，并对被访谈者描述不清楚的问题进一步追问，以获得更详细的访谈资料。最大限度更加详尽地了解被访谈者的情况，每次访谈时间控制在 15—45 分钟。

三　数据整理与分析

访谈结束之后，将访谈获得的录音资料逐字转录成为文本，转录完成之后仔细核查确保转写的文本与访谈录音一致。每次访谈时间 16—42 分钟不等，共计 659 分钟的访谈录音，形成了 69032 字的访谈资料。

在分析资料之前，认真阅读转译的原始资料，熟悉资料的内容。阅读原始资料时采取主动"投降"的态度，把自己的预设假设悬置起来，让转译的原始资料呈现本真的意义，并关注谈话中访谈者和被访谈者的语气词、情绪等。在对资料逐渐熟悉之后，以开放的心态进行逐行分析，寻找意义单元。首先将资料中有意义的句子画出来，并运用编码的形式进行标记，方便以后查找（学校拼音首字母大写＋访谈编号＋段落＋意义单元的形式表示，如 LC01—1—1 表示龙南中学第 1 个访谈对象的第 1 段转译文本的第 1 个意义单元）。其中 F 则代表访谈者，示例如下：

F：网络利他行为是网上助人的一种行为，包括帮助别人解决问题，像同学心情不好，你安慰他，或者教别人玩游戏等，请问你有一些什么样的网络利他行为呢？

GR01：比如说在百度啊论坛上去帮助别人提出自己的看法（GR01—1—1 在百度论坛上给别人提供意见）；班上同学会在群里问一些学习上的问题，我会回答他们的问题，帮助他们（GR01—1—2 帮助同学解决学习上的问题）；在 QQ 上有些人会说心情怎么样我会去看并安慰他们（GR01—1—3 在 QQ 上安慰同学）。

在寻找完意义单元之后，以意义单元为基础，用比较简练的句子或词语形成最初的主题，再回到原始的转译文本核查每一个主题是否体现被访谈者所表达的意义；接着寻找初级主题之间的联系，将相互联系的主题聚集到一起，形成群聚主题，命名群聚主题之后回到原文检查访谈对象的谈话逻辑是否符合群聚主题；对发现的群聚主题进行更高理论的概括，形成理论主题；最后发现与研究主题相关的理论。表 2—2 为部分访谈资料分析节选（F 为研究者）。

表 2—2 资料分析节选

意义单元	初级主题	群聚主题	理论主题
LC01—2 提建议做有礼貌的人 LC02—5 在网上给表姐换什么样的发型提供意见 GR05—1—2 在百度上回答别人的问题 GR05—2—3 提供学习建议 GR05—2—4 在网上帮助别人解答问题 LC01—3 百度知道中帮助别人 LG01—1—2 在群里帮助人解决问题 LG02—2—1 同学帮自己在网上做事情 LC02—4—2 教别人做作业 LC02—5 交流做人的道理 LC02—9 探讨人生的一些道理 LC03—2—1 通过 QQ 教同学写作业 LG04—1—3 教别人玩游戏 GR02—4 在论坛解答别人的问题 GR02—5 推荐好的衣服给同学，并给同学建议 GR03—1—1 帮助别人解答问题	给别人提供建议，解答问题 教别人做作业和做人的道理 教别人玩游戏 教会别人理解网络用语 通过 QQ 帮别人做作业玩游戏 在网上教人数学 在百度上回答别人的问题	给别人提供建议，解答问题 在网络上指导或者教别人完成学习等方面的问题	在网上给别人提供指导
LC01—5 分享资料给别人 LC01—10 分享影视信息 LG02—2—2 转载好的信息 LG02—2—3 分享恐怖新闻 LG03—1—1 分享好的学习经验 GR01—3 分享电影和音乐 LC02—2 分享对同学成长有意义的信息	分享相关的信息 分享信息给同学 分享游戏 在网上分享资料 微博转发 分享歌曲、资源 分享受骗信息	分享学习或者娱乐新闻及公益信息	在网上分享信息

四 成文方式

在质性研究中，研究报告通常包括如下六部分：（1）问题的提出；（2）研究的目的和意义；（3）研究背景，包括文献综述和研究者通过前期阅读文献对研究主题的了解和看法等；（4）研究方法，包括抽样、收集资料和分析资料的方式、呈现的方式等；（5）研究的结果，包括研究的分析结果和最终结论等；（6）结合研究过程对研究结果进行检验，讨论分析研究的效度、推广度和伦理道德等问题。在结果呈现部分，本书在类属分析的基础上，使用每一个类属下面穿插原始文本的结合型呈现方式。质性研究报告很重视对原始材料的分析，尽可能地为读者呈现"原汁原味"的材料，使读者如身临其境般体验研究的过程。对于研究结果，质性研究更加重视要有充分的原始资料来佐证研究结果的正确性，因而，结果的呈现中大量引用了访谈录音中的原话。

第三节 结果与分析

一 青少年网络利他行为现状

（一）青少年网络利他行为的表现形式

纵观访谈资料中研究对象对其网络利他行为的描述，主要包括在网上帮助别人解决问题、引导同学朋友走出情绪困扰、在网上分享一些学习资料或是娱乐游戏的信息，以及提醒同学朋友免受网络欺骗，等等。对访谈的资料进行编码分析之后，综合访谈对象提供的信息，发现青少年网络利他行为主要分为四类：网络指导、网络支持、网络分享和网络提醒。

通过研究对象对自身网络利他行为的描述，在对青少年网络利他行为进行分类的基础上，再对其表现进行具体的分析，得出如下结果：青少年网络指导行为主要表现在学习方面，主要是提供学习经验方法以及学习上的一些建议，其他的网络指导行为则表现在网络游戏方面；青少年网络支持行为主要表现在网上安慰情绪不好的同学朋友，另外表现在参与网络投票上；青少年网络分享行为主要表现在分享学习或者娱乐新闻及公益信息上；青少年网络提醒行为主要表现在网上提醒同学朋友不要相信不可靠信息、防止受骗、不要忘记完成作业任务以及提醒别人不要做不好的事情等。

1. 网络指导的表现

F：我们既然谈到这个网络利他行为，我就先给你介绍一下网络利他行为。它是网上一种助人行为，其实跟现实生活中的助人行为是一样的，只是发生在网上，比如说你在网上安慰别人，给别人建议。另外一种说法就是网上助人行为。那你在网上有过什么样的助人行为呢？

LC05：就是暑假的时候，有一个同学问我一些问题，是关于数学方面的，刚好我对数学这方面的理解也是比较好的，所以我就帮助了她（LC05—2 通过 QQ 教别人做作业）。然后基本上就是在班上有一点点的，因为放假我的上网时间也是比较少的。

F：网络利他行为是指在网上帮助别人的一种行为，在网上安慰别人、给别人提供意见等，你觉得你一般有什么样的网络利他行为呢？

LC06：就是一般别人问做作业的这种问题（LC06—1—1 教别人做作业），就会跟他们讲。还有就是同学跟朋友闹别扭了，也会去劝别人，比如玩游戏的时候也会帮助别人（LC06—1—3 教别人玩游戏）。还有就是玩微博也会转载一些资源和信息。

2. 网络支持的表现

F：还有其他的吗？

LG01：比如同学在学习生活中遇到麻烦，我会去引导他（LG01—2—1 引导生活中有困惑的同学），宣泄一下就好了。有时候心情不好会叫他们一起去逛下街，让心情更好点。

F：网络利他行为是指在网上帮助别人的一种行为，在网上安慰别人、给别人提供意见等，你觉得你一般有什么样的网络利他行为呢？

LG03：分享自己的学习经历经验，回答别人的问题，大家发起的投票我也会去参与（LG03—1—3 参与别人的投票），会去安慰别人（LG03—1—4 在网上安慰别人），看到一些欺骗人的行为也会去提醒大家。

3. 网络分享的表现

F：那还有其他的一些吗？比如提醒别人、给别人分享复习资料？

GR03：提供学习资料，比如快考试了我会在网上搜索一些资料提供给别人（GR03—2 在网上搜索学习资料共享给同学）。

F：那你身边的同学朋友有一些什么样的网络利他行为呢？

GS03：比如在外面路上听了什么好听的歌就会把歌名记下来，然后分享给其他人（GS03—4 分享好听的歌曲）。

F：网络利他行为是指网上助人行为，就是在网上帮助别人，给别人提供意见，帮助别人解决问题，那你在平时生活中有一些什么样的网络利他行为呢？

LG01：我会转载一些新闻，或者公益信息帮助别人

（LG01—1—1 转载公益信息帮助别人）。

4. 网络提醒的表现

F：网络利他行为是指网上助人行为，比如在网上安慰别人，给别人提供意见，帮别人解决问题，你觉得你有一些什么样的网上助人行为？

LC07：就是同学之间发生矛盾，遇到不开心的事情，会去安慰他，然后他有什么困难也会帮助他，如学习上的问题，觉得有好玩的游戏也会分享给同学，大部分是帮助和分享，大部分是情感和学习上的问题，分享得比较多，遇到好玩好看的事情都会分享给同学。如果别人做出了不对的事情，会帮他指出来，有不懂的事情也会跟别人交流，包括很多小的事情（LC07—1—4 提醒别人不要犯错）。

F：还有其他的吗？

LG01：有时候不知道做什么作业就会去 QQ 问下，有作业忘了也会提醒别人（LG01—2—2 提醒别人不要忘记写作业）。

（二）青少年网络利他行为的频率

通过对访谈资料整理和分析发现，青少年网络利他行为的发生频率较高，且在四类网络利他行为类型中的比重有较大差异。在 24 名访谈被试者中，共有 21 人存在网络指导行为，23 人存在网络分享行为，17 人存在网络支持行为，5 人存在网络提醒行为。网络分享是青少年最主要的一种网络利他行为，95.8% 的访谈被试者谈到自己有网络分享行为；其次是网络指导，87.5% 的访谈被试者存在网络指导行为；网络支持行为在青少年中也比较普遍，约有 70.8% 的青少年存在网络支持行为；网络提醒行为相对较少，约有 20.8% 的人存在偶尔的网络提醒行为。并且在访谈之前的闲聊中，有多名被试者表示由于学业任务紧张，上网时间很少，网上助人行为的机会很少，但是只要有时间就会在网上帮助需要帮助的人。从网络利他行为的表现来看，网络利他行为多与访谈对象的学习有关。

二 青少年网络利他行为对其道德发展的影响

（一）青少年网络利他行为对其道德认知的影响

道德认知是指个体对道德责任和义务的认识和理解、道德规则的体认和理解、道德善道德恶的知觉和体认，以及对道德自律、道德修养、道德舆论、道德教育的知觉和把握（窦炎国，2004）。通过对访谈资料的分析，笔者发现，青少年网络利他行为对于其道德认知的影响是很明显的，主要表现在社会、家庭和班级责任感的增强，意识到道德对于社会、家庭和个人的重要性，个人自我要求的提升，个人道德感的增强，以及促使个人能很好地处理与他人的关系等方面。

1. 青少年网络利他行为能有效增强其社会、家庭和班级的责任感

青少年网络利他行为增强其社会责任感主要表现在遵守社会规则、爱护公共环境、具有公共意识、维护国家和社会荣誉利益等方面；增强家庭责任感主要表现在理解父母、与家人和谐相处等方面；增强班级责任感主要表现在维护制定班级规则、为班级服务、维护班级利益、与同学和谐相处等方面。

F：我们先谈谈社会，比如一个人的道德水平的高低对于我们社会有一个什么样的影响？社会和谐啊，你理解这个问题在有网络利他行为之前和之后有什么样的区别呢？

LC05：之前我倒是没怎么想，因为我们家旁边有一个十字路口，之前没建造的时候，大家都是有空就抢占，如果不去遵守的话，要规则也没用（LC05—18 遵守交通规则）。

F：还有其他的一些吗？

LC05：我们有一个人跑 800 米是不跑内圈的，也不踩草坪，我记得我今天跑 800 米就踩了两次草坪。假如这个草坪你踩一次他踩一次的话，就等于规则被埋没了，大家都不会遵守（LC05—16 保护环境不践踏草坪）。

F：我知道，一下子就问你关于这个道德的问题，你可能会觉得没话可以讲。没关系，你不要一直盯着道德，就只是聊一聊关于道德对你的一些影响。就是贴合你生活当中的一些小例子也是可以的。

GR01：就是别人暂时不用的汽车一直停在那儿，会有很多脏东西，我就觉得会影响市容还有引起交通堵塞（GR01—6 很久不用的汽车放在路边会有很多脏东西影响市容）。

F：那对于一些好的行为你又会有什么样的评价和想法呢？

GS04：我觉得我可能会更愿意分享吧，传递正能量（GS04—11 传递正能量）。

F：我主要要了解的是你的网络利他行为对你在现实生活中的影响。就是谈一下这些对你理解道德对于社会和家庭的影响。

GR02：对于家庭嘛，我是一名学生，还不能去外面挣钱，但是我会在家里做一些力所能及的事情，帮助他们（GR02—8—1 做力所能及的事情帮助家里）。

F：其实你不用纠结着道德这么抽象的词语，你可以细小到生活中的例子，这样更好理解，比如说你会……

GR02：因为我这个年纪，可能对家庭的关系会有点忽视，但是在网上帮助别人之后，我会尽量注意这一点，会多跟他们沟通，并且帮助他们，也会做一些自己力所能及的事情，我觉得这样他们更容易明白我心里是怎么想的。他们很辛苦，我不能让他们担心（GR02—13 体谅父母，不让父母担心）。

F：你可举例子，就是你具体是怎么处理跟家庭的关系的？

GS06：就是以前会因为一些事情跟爸妈吵架，现在就试着去理解，去沟通（GS06—10 不会再跟爸妈吵架，跟父母沟通，理解父母）。

F：嗯，嗯，那对于社会规则，就是说在你的生活当中，当你有了这个网络利他行为之后，有没有对社会规则有一个认识，比如说班级规则，就像我们遵守交通规则一样，类似这样的一些事情。比如说，哎，你以前可能并不觉得遵守规则重要呀，偶尔闯闯红灯没什么呀，那你现在是不是更加有意识地每个都有去遵守，去遵守社会规则和班级规则、群体的规则，这样的一些必要性，有没有意识到这样的一些变化？

LC02：这应该是有的，我以前是一个比较活泼的人，在课堂上，常常会去违反纪律，就觉得规则是定死下来的，人他是有自己的行为，我就学会去更好地遵守这个班级纪律（LC02—19 遵守班级纪律），去维护他人的利益。

F：你能具体地举个例子来说明你的这种变化吗？

GR04：班级责任的话，每个人都有这个义务，帮助班级，规则的话就会有约束，有的能做，有的不能做，好的能做，不好的不能做，班级的规则有存在的必要性（GR04—5 每个人都有义务帮助班级）。

F：评价自己的行为呢？

GR06：一开始觉得班级扣分跟自己没关系，就是班级因为其他同学扣分也跟我没关系，自己做好就行。网络利他行为之后，觉得尽量也让同学维护班级利益，大家一起维护班级利益（GR06—13 以前觉得班级荣誉跟自己没什么关系，现在觉得应该和同学一起维护班级荣誉）。

2. 网络利他行为使青少年意识到道德对于社会、家庭和个人的重要性

分析资料发现，青少年的网络利他行为能使青少年意识到道德在现实生活中的重要性，不再认为道德对自己而言是一种抽象的存在，反而认为不管是对于社会还是家庭，抑或我们个人，道德的影响是巨大的，并且道德能有效地促使三者和谐健康的向前发展。青少年网络利他行为使青少年意识到道德的重要性主要表现在：道德对于维系社会稳定、促进社会和谐发展具有重要意义；道德通过影响个人进而对社会的发展产生影响；道德对于个体与家庭成员和谐相处具有重要意义；道德对于个人发展具有重要意义。

> F：你觉得你的网络利他行为对你理解道德对于家庭和社会的作用的影响是怎样的？你觉得个人的道德品质对于社会和家庭有什么样的影响？
>
> LC06：就是大家更遵守规则，社会会更有秩序，有时候家里有矛盾的时候也可以去解决。我觉得可以更少一些乱起八糟的事情，社会会更和谐，家庭更和睦（LC06—6 有秩序的环境更能使社会和家庭和谐）。
>
> F：你觉得道德对于社会和家庭有什么样的影响？
>
> LG01：我觉得影响很大，比如父母的影响很大，因为兄弟姐妹一起会说一下、在网上聊一下，交流会使道德品质之间相互影响，在自己网上助人之后的改变跟家里人说，会说一些行为方式是好的。一个人的道德好的话不仅会影响自己也会影响周围的人，比如寝室里就会相互影响（LG01—7—2 一个人道德好的话会影响周围的人进而对社会有益）。
>
> F：你觉得一个人的道德品质对社会和家庭有什么样的影响？
>
> LG02：有时自己好心一些的话帮助别人，但是别人不领

情。我觉得品德这个东西很重要，至少要懂得对错，道德是社会不可缺少的部分（LG02—5—2 道德对于社会很重要），道德对家庭是维护家庭和睦不可缺少的一部分（LG02—5—3 道德对于家庭的和睦很重要）。以前没有感觉到道德的作用有多大，随着年龄增长，在网上帮助别人，是不可缺少的，道德是一个群体的体现，会让自己的生活更好（LG02—5—4 道德对于自己的成长来说也很重要）。

3. 青少年网络利他行为使其自我要求更高

青少年在网上帮助别人之后，获得了自身的价值感，逐渐变得对自身要求更高，更加自律，而这种更高的要求不仅表现在能力上要越来越强，而且表现在要用更高的道德来要求自己。青少年网络利他行为促使青少年在学习和生活中对自我要求和自我的责任感增强，具体表现在宽以待人、对自己要求更严格以及自我责任感的增强。

F：这是你看到别人的行为之后的改变，那有网上助人行为之后你自己有一个什么样的改变呢？

GS04：以前可能自己会因为很小的事情不开心，通过网上帮助别人之后，可能自己会看得更开一些（GS04—7—1 对于遇到的事情会更释怀）。比如同学趁自己不在的时候拿自己的东西作业本什么的，以前很生气，现在就可能会觉得他们可能也是想学点东西，现在就会对他们说没事没事，就这样（GS04—7—2 更宽容别人犯的错误）。

F：你的网上助人行为对你评价自己和他人的行为有什么样的影响？就是你在网上帮助别人之后，比如别人迟到，之前你觉得这个事情没什么，但是你有了网络助人行为之后，你对这种行为会不会有一种态度的转变？

LC04：如果我看完那些信息觉得非常重要的话，我觉得这个很有道理，我自己在这方面也做得不够，我会先改变自己（LC04—16—1 对自己要求更高）。

F：网上助人行为会不会改变你对原有事情的看法？你觉得网络利他行为有没有对这个的影响呢？

GR05：他会影响到我们的生活，转化到在现实生活中以实际行动来帮助别人。之前认为这只是个义务，做到了就行，并不一定要做得很好。有了网络利他行为之后，不仅要做而且要做到更好，对自己要求更严格（GR05—7 有了网络利他行为之后对自我要求更加严格）。

F：能不能详细地说明一下你在帮助别人之后的感受呢？从你帮助别人的角度来说。

GR06：不遵守规则不就乱套了吗？帮助别人之后自己也会感觉更快乐，规则就是每个人都应该遵守，责任感就是自己的责任就应该承担（GR06—4—3 自己要为自己负责）。

4. 青少年网络利他行为能有效提升个人道德感

个人的道德感表现在选择和评价一些行为和事物上，主要是对于当前的行为是不是有一个很好的道德鉴别力，个人道德感的提高意味着当个体面对事情的时候，更多的是站在道德的规则内来选择和评判事物。访谈的过程中，访谈对象明确地表示"道德感更强"。青少年网络利他行为有效地提升了个人的道德感，主要表现在遵守社会公德、感恩等方面。

F：还有其他什么例子吗？

GR02：有的时候坐公交车，车上坐满了人，一个老人家没有座位，我就让给他，尊老爱幼是中华民族的传统美德（GR02—17 尊老爱幼）。

F：这个说得特别好，那你还有没有其他的一些对社会规则的理解？

LC05：我一直听我奶奶讲以前是下放（农村），然后邻里之间的关系特别好，邻里之间互相帮忙，我奶奶告诉我不要忘记以前帮助过你的人（LC05—15—2 知恩图报）。

F：你觉得一个人的道德品质对社会和家庭有什么样的影响？

LG02：没有网络利他行为之前，会觉得道德无关紧要；有了之后，自己更能注意一些，也更能体会别人的道德感。一个人的道德高低并不是代表一个人的，会代表一个社会以及一个国家（LG02—5—5 个人的道德高低对于社会来说非常重要）。

F：那你对这种行为产生的改变有什么样的感受？就是你在有网络利他行为之前，假如你不遵守交通规则，与有了这种行为之后，你会更加的遵守交通规则，你对自己的变化心里会产生什么样的一种感觉？

LC01：额，这个，这个，道德感会更强吧（LC01—24 更有道德感）。

5. 青少年网络利他行为能促使个人很好地处理与他人的关系

对于青少年来说，能很好地处理好与同学和家庭的关系是很重要的。在访谈中很多访谈对象提到在有了网络利他行为之后，他们更能"理解父母，会站在父母的角度思考问题""更愿意考虑别人的感受""多为别人着想"等。青少年网络利他行为促使个人能很好地处理与他人的关系，形成和谐健康的人际关系，主要表现在：信任他人、能更多地站在他人的角度思考问题、能正确处理好与家人和同学等身边人的关系。

F：前面谈到很多你的助人行为，那你觉得你在网上帮助别人之后，对你去理解社会规则和社会责任有什么样的影响？

GR02：我觉得人与人之间最基本的信任还是有的，别人相信我，我就会很开心，我会很开心去相信他（GR02—6人与人之间的相互信任是很重要的）。

F：比如说针对你说的这些问题，为人处世呀，在生活中有了这个网络助人行为之后，有了一个什么样的转变。举一些具体的例子，在生活当中跟同学交往，以前可能没注意到，你现在更加注意到了一些什么？

LC02：其实我以前也有了这么一些转变，以前我跟别人交往的时候，经常开一些没大没小的玩笑什么的，然后不定期地考虑到什么实际，开什么玩笑，就是这样很死板的样子。可是有些朋友跟我讲的时候我就觉得，是应该去理解别人，去考虑他人的感受（LC02—15学会和别人相处，更多地考虑别人的感受），怎么去少做这种事情。

F：这是对社会，那对家庭呢？

GR01：就是之前我很喜欢跟我弟弟抢电视看，现在我都是去让着他，我觉得家庭的这种关系就是应该谦让一点（GR01—7以前总跟弟弟抢电视看，现在觉得应该谦让）。

（二）青少年网络利他行为对其道德情感的影响

道德情感是指根据一定的社会道德规范，在评价自己或者他人的道德行为时产生的一种内在的情感或体验。青少年网络利他行为对道德情感的影响主要表现在两方面：一方面是对符合道德要求的行为有正面的情绪体验，另一方面是对违背道德要求的行为有负面的情绪体验甚至去制止该行为的发生。例如，在自己帮助别人之后会有一种自豪感和荣誉感。有些访谈对象更是谈到帮助别人之后

"自己觉得自己更有价值，更满足""帮助别人之后自己很开心"
"在看到班上的同学之间打架觉得是一件低俗的事情"。

　　F：你有什么感觉呢？

　　LG02：有一点成就感和荣誉感的感觉吧（LG02—11 帮助
别人有成就感和荣誉感）。

　　F：那其他方面呢？就是像班里，男生之间会经常打架，
你之前觉得很无所谓，但是自从你有了网络助人行为之后，觉
得他们这个行为是不道德的。

　　LC01：我觉得不是不道德，应该是低俗（LC01—29 觉得
在班上打架是很低俗的事），现在男生应该很少会打架了吧。

　　F：我的意思是你在网上帮助别人之后，会不会更愿意去
牺牲掉自己一些时间和精力去帮助别人。

　　GR02：我会牺牲掉自己的时间，但是我觉得这些是我用
时间和金钱换不到的快乐（GR02—18 帮助别人会给自己带来
快乐）。

（三）青少年网络利他行为对其道德行为的影响

道德行为是指在一定的道德意识支配下，个体表现出来的对待
他人或社会的有道德意义的行为活动。通过对访谈内容的整理分
析，笔者发现，青少年网络利他行为对道德行为的影响主要表现在
以下几方面。

1. 青少年更愿意在现实生活中帮助别人

　　F：你觉得你的网上助人行为对你在评价自己和他人的行
为时有什么样的影响？

　　GS01：你在帮了别人之后，你对自己的要求肯定会有所提
高，下一次你可能会愿意帮别人更多（GS01—21 在网上帮助

别人之后更愿意在现实生活中帮助别人），对别人的看法和评价也会相应地提高一些。

2. 青少年在现实生活中帮助别人的行为多种多样

F：从小的方面来说，你可以举例说明一下吗？

GS03：比如网上有看到同学说遇到一个不认识的人，就把他拦下来，快迟到了，然后就把他搭过来（GS03—12 帮助陌生同学避免迟到），虽然现在舆论很大，但是遇到这样的事情还是会去帮忙，总的来说呢，引领社会的正气。

F：能举一些简单的例子吗？

LG03：我同学问我的问题我不会，我会直接告诉他我不会，但是之后我会去自己找答案、钻研，然后去帮助他（LG03—13 之前同学问不会的问题我会说不会，现在会帮着他去寻找答案）。

3. 青少年帮助别人更加理性，会客观地考虑现实情况

F：你的网上助人行为会不会让你排除困难去帮助别人呢？

GR05：会，但还是要看看具体情况，要看看他在哪儿，还要考虑我自己手头上在做什么，要是在玩游戏肯定会去，或者打篮球的话也会去，假如他很急的话我也会去的（GR05—17—1 理性地考虑帮助别人）。做作业，我也会去帮助别人。教别人的话自己算在复习。另外帮别人的话，他也会来帮自己。

4. 青少年相比陌生人更愿意帮助亲人、同学朋友等熟悉的人

F：你是怎么想的，在这个转变的过程中？（网络利他影响之后的转变）

LG04：就是如果朋友叫我比如说去他家帮忙，我会去帮忙，是好朋友的话我会牺牲一些东西去帮他（LG04—8 愿意帮助同班同学）。

5. 青少年更愿意帮助弱势群体

F：那你觉得你的网上助人行为会不会影响你在现实生活中做出更多的助人行为？

LG02：在生活中有一些小矛盾他们心情不好，会去开导他们，一个单亲家庭的同学就算我没有时间也会去帮助他（LG02—12—2 帮助单亲家庭的同学）。以前看到别人有困难就觉得事不关己，之后有一次看到一个老大爷的车子被卡住了，我就去帮助他推车了（LG02—12—3 帮助老大爷推车）。

（四）青少年网络利他行为对其道德意志的影响

道德意志是指个体为了实现某种道德目标而产生的自觉能动性，履行道德义务时的坚持性，是在道德活动中排除困难和障碍的毅力与能力。道德意志体现在：无论在何种情况下，青少年在行为上是否都能够坚持道德的原则。青少年网络利他行为对其道德意志的影响主要表现在更愿意克服困难帮助别人。例如，在访谈过程中，很多访谈对象直截了当地说在有了网络利他行为之后，他们愿意"放下自己的事情帮助同学""抽出自己宝贵的时间帮助别人"等。

F：你的网络利他行为会不会让你排除困难去帮助别人？比如说一些时间、金钱方面的困难？

LG03：会更愿意（LG03—10—1 更愿意排除困难去帮助他们），应该会牺牲一些课余时间帮助同学解答问题（LG03—10—2 牺牲课余时间帮助别人）。同学找我借东西，之前我会找理由不借，现在是能借我会尽量借给别人。

F：你在网上帮助别人会不会让你在现实生活中排除困难去帮助别人呢？

GR04：这个会，网上帮助别人，在现实生活中也会。同学要去买一个东西，钱不够，虽然我的钱也不够，但是我可以帮他去借，然后让他去买东西，尽量去帮助他（GR04—13 虽然自己也没钱但是帮急用钱的同学借）。

F：你的网上行为会不会使你排除困难去帮助别人呢？

GS01：当你写题目写得很入迷的时候，别人问你作业，你会觉得很烦，以前总是会说你等下，等下我做完这个再帮你；之后就会想也许这个题目对我来说没什么影响，但是对他来说就有很大的影响（GS01—26 更愿意牺牲自己来成全别人）。

（五）青少年网络利他行为对其道德价值观的影响

在访谈的过程中不断听到在有了网络利他行为之后，访谈对象表现出对同一件事情有不同的评价。很多人明确表示，他们会站在不同的角度去评价一件事情、能正确分辨是非等，这些都是道德价值观改变的体现。道德价值观是指个体判断事物是否具有道德价值所持的价值判断标准。青少年网络利他行为对其道德价值观的影响主要表现在：道德目标价值观、道德动机价值观、道德手段价值观、道德效果价值观的改变；会更加客观公正地评判行为；形成了自己的价值判断标准并且更符合道德规范。

1. 道德目标价值观、道德动机价值观、道德手段价值观、道德效果价值观的改变

F：有没有由于在网上帮助别人而影响你在现实生活中评价其他行为的事情？

LG03：有，别人来抄作业我以为是在帮助别人，之后我觉得自己的行为是错误的，是在害他（LG03—11—1 以前觉得把作业给别人抄是帮别人，现在觉得这种行为害了他）。生活中父母对自己的关心很烦，总是去顶嘴，接触之后觉得他们是在关心我（LG03—11—2 以前觉得父母的关心很烦，现在觉得他们是在真的关心我）。

F：那道德对于社会的影响呢？我可以先跟你举一个例子，你可以往那方面想。违反交通规则，也许以前你也不是那么在意闯红灯的，以前没有这个意识，以前觉得扔点儿垃圾也没事儿，以前你是这样的。

GR02：比如说我们家，以前我们住的楼层高，邻居就不愿意下楼扔垃圾，就直接在楼上扔垃圾，味道很难闻。然后我想如果每个人都跟他一样，那我们住的那个环境，对大家来说都是不好的（GR02—14 直接从高层往下扔垃圾会影响大家居住的环境）。

F：那对于社会规则方面呢？比如在公共场合就不会大声喧哗啊，类似于这样的。

GR01：我去浏览一些网站看到闯红灯的新闻，在七年级以前会去闯红灯，现在不会了，觉得很危险（GR01—5 以前不以为然，现在感觉到闯红灯危险）。

2. 会更加客观公正地去评判行为

F：你是怎么评价你的邻居扔垃圾这件事情的？以前你是

怎么看的，现在你又是怎么看的？评价自己和他人的时候有什么样的变化，以及什么样的感受？

GR02：比如我太直白地说出别人做得不对的时候，看到别人的表情，就会发现自己做得不是很好，让别人觉得没面子，以后我就会注意自己的这一方面，委婉一些，不应该这么直白地说这些。比如我们在讨论一些事情的时候，有的人观点是错误的，有的人观点是正确的，我就会去说正确的观点为什么正确，错误的观点为什么是错误的。去评价这些事情的对错（GR02—15 更加客观公正地评判别人的行为）。

3. 形成了自己的价值判断标准并且更符合道德规范

F：会不会影响你对一件事情的评价，就是评价标准有没有一个变化？

LG01：以前评价一件事情的时候是别人觉得对我也觉得对，现在会有自己的看法（LG01—12—1 以前人云亦云，现在会有自己的看法）。

F：那家里呢？公共场合呢？

GS03：以前会闯红灯，就是看到没人的时候，会直接过去，现在觉得这个影响很不好，可能会有严重的后果（GS03—23 以前觉得闯红灯没什么，现在觉得会有很严重的后果）。

第四节 讨论

一 青少年网络利他行为的现状

青少年网络利他行为主要分为网络指导、网络分享、网络支持、网络提醒四种类型。青少年网络利他行为主要表现在青少年的学习方面（提供学习的方法和建议、分享学习信息、提醒完成家庭作业等），这可能跟青少年这个特殊群体有关。青少年正处在学业压力特别大的时期，他们的主要精力和时间都是在学习上，所以他们本身的网络利他行为也应该主要表现在学习方面。其中网络指导行为和网络分享行为是大多数青少年都存在的网络利他行为，青少年的网络指导行为主要表现在学习方法、学习经验的指导以及一些网络游戏的指导上，青少年的网络分享行为也主要表现在学习方法的分享以及公益和娱乐信息的分享上。这可能存在两方面的原因：一是关于学习方面的网络指导和网络分享的行为成为其中主要的行为，这是由学习的特性决定的；二是由青少年的身心发展阶段决定的，青少年正处于自尊高速发展的阶段，他们特别需要通过帮助别人来获得自身的价值感，而他们最容易拿来与别人比较的，就是自己在学习上面的优势，他们通过分享自己的学习方法，以及指导别人提升自己的学习能力来证明自己。网络支持行为在青少年中也比较普遍，这可能是由于青少年的生理和心理发展不平衡导致的。青少年的自我意识飞速发展，导致在学习生活中容易产生别人都不理解自己的感受，容易情绪化，所以青少年的网络利他行为中给别人提供情感支持的行为也是比较多的。最后，相比较其他三种网络利他行为，青少年的网络提醒行为相对较少。可能的原因主要有两方面：一方面，随着青少年不断的成长，对学校生活的不断适应，自律意识的加强，不需要别人的提醒，青少年已经能很好地做好自己"分内的事情"，完成学校和老师布置的任务；另一方面，因为学习几乎成了青少年的主要生活内容，其他社会经验上的提醒青少年涉及得比较少。

二 青少年网络利他行为对其道德认知的影响

从质性分析的研究结果可以看出，青少年网络利他行为对于其道德认知的影响主要表现在社会、家庭和班级责任感的增强，意识到道德对于社会、家庭和个人的重要性，个人自我要求的提升，个人道德感的增强，以及促使个人能很好地处理与他人的关系。青少年对于社会家庭和班级责任感的增强是网络利他行为对道德认知影响的重要方面，青少年在网上帮助别人的过程中，公共意识不断强化，通过与班上同学分享有效的学习方法、意识到自己作为家庭一分子的重要性等方式增强了社会、家庭和班级的责任感。在网上帮助别人的过程中，青少年意识到公众是否具有公共道德对于社会秩序非常重要。在家庭环境中，每一个家庭成员的道德素质的高低对于家庭和谐有着关键的作用，同时道德素质对于一个人的成长也非常重要。由于社会、家庭和班级责任感的增强，青少年要求自己做一个对社会"有用的人"，自然对自我的要求更高。青少年网络利他行为增强了青少年的责任感，并且使青少年意识到道德的重要性，使青少年个人的道德感不断增强。由于青少年道德感的增强，青少年在与他人相处的过程中，更懂得谦让、宽容，更懂得如何处理与他人的关系，形成良好的人际关系。

三　青少年网络利他行为对其道德情感的影响

研究结果发现，青少年网络利他行为对道德情感的影响主要表现在两方面：一方面是对符合道德要求的行为有正面的情绪体验，另一方面是对违背道德要求的行为有负面的情绪体验甚至去制止该行为的发生。所以网络利他行为增强了青少年对道德事件的情感觉察和体验。青少年在网上帮助别人之后，一方面证明了自己已经具备了帮助别人的能力，不再只是需要别人的帮助，体验到了自己的价值感；另一方面在帮助别人之后，对方所给予的"鼓励性的回馈"使青少年内心有一种自豪和骄傲的感觉。同时以上两种体验都是一种正性的情绪体验，也会让青少年感觉到快乐，即助人为乐的感觉。另外，在网上帮助别人的过程中，也会遇到一些对别人或社会不利的事件，这也会使青少年重新审视自己或他人的行为，对这些负性的事件产生羞愧和"鄙视"的感觉，甚至有时候会去用自己的能力制止行为的发生。

四　青少年网络利他行为对其道德行为的影响

青少年网络利他行为对道德行为的影响主要表现在以下几个方面：更愿意在现实生活中帮助别人、在现实生活中帮助别人的形式更加多样、帮助别人更加理性、会客观地考虑现实情况、更愿意帮助亲人同学朋友等熟悉的人、更愿意帮助弱势群体。青少年网络利他行为提高了其道德认知，并且使道德情感增强，势必使青少年在现实生活中表现出更多的道德行为。作为一个社会人，青少年在家庭生活、学校生活、社会生活中做出的道德行为也表现在这三个不同的领域，并且表现出多样化。青少年已经处于形式运算发展阶段，对待事件能更客观地去评价，在做出道德行为的时候会综合考虑多种条件进行权衡，所以表现得更加理性。青少年与亲人、同学、朋友等最为熟悉，在熟悉的人需要帮助的时候，更倾向于帮助熟悉的人。青少年受到社会道德教育的作用，对社会老弱病残等弱势群体尤为关注，同时弱势群体相比普通人也更容易激发人的同情心，以上两个方面可能是青少年更愿意帮助弱势群体的原因。

五　青少年网络利他行为对其道德意志的影响

青少年网络利他行为对其道德意志的影响主要表现在更愿意克服困难帮助别人。一方面，青少年网络利他行为对其道德认知的影响是对道德意志影响的基础，青少年通过在网络上帮助他人提高了对道德事件的认知，能更理性地分析道德事件，并倾向于站在社会的角度去对事件进行评价，从而为道德意志的增强提供认知上的基础。另一方面，青少年网络利他行为对道德情感的影响也是对道德意志影响的情感因素。青少年通过在网上帮助别人，强化了青少年的道德体验，使青少年对于发生在身边的事件有更敏锐的情感体验，这种情感体验能有效地增强青少年的道德意志。

六　青少年网络利他行为对其道德价值观的影响

青少年网络利他行为对其道德价值观的影响主要表现在：道德目标价值观、道德动机价值观、道德手段价值观和道德效果价值观的改变；会更加客观公正地评判行为；形成了自己的价值判断标准并且更符合道德规范。青少年通过自己的网络利他行为学会对事件的目标、动机、手段和效果进行道德评价，能综合事件的各种因素形成最终的评价。由于青少年能在网络利他行为的影响下形成科学合理的道德评价体系，所以表现得能更客观公正地评判一种行为。在以上两者影响的基础上，青少年形成了自己更加符合社会规范的道德判断标准。

七　研究的效度、推广度以及伦理道德问题

（一）效度

效度是检验研究结果是否真实地反映了研究者需要研究的课题的衡量标准。在研究的过程中提高研究效度的方法有很多，比如通过选择合适的筛选研究对象的方法、严格地把握研究过程、通过科学的分析资料等来提高效度。由于提高效度的方法有很多，说明影响效度的因素也有很多，所以在研究中，有很多的因素会对效度造成威胁，需要我们尽可能地去规避这些因素，保证研究结果的有效性。

研究中选取研究对象时采用的是目的性抽样。访谈过程中使用的是半结构式的访谈提纲，尽量使用开放式和半开放式的访谈提问方式，与研究对象建立良好的关系，最大真实地反映与研究主题相关的信息。在对资料的整理分析过程中，保证把访谈录音逐字逐句地转录成文本，并能悬置自己的先前预设对转录的文本进行分析。同时在研究的过程中遇到困难和疑惑时，不断地请教他人。这些措

施都较好地保障了研究的有效性。

（二）推广度

质性研究本质上并不是为了使研究的结果得以推广到普通的群体，其结果更多地考虑真实性和情境性，通过思想上的认同而达到研究结果的推广。青少年的网络利他行为表现多种多样，其对青少年道德发展的影响也是纷繁复杂的，很难用非常标准的量化来进行衡量。研究者的目标只是为了读者能在思想和认识上与研究者达到共鸣或者是对其他研究者对该问题的研究有所启发。

（三）伦理道德问题

在质性研究的过程中，由于研究者与研究对象会发生密切的互动，并与其建立良好的关系，在访谈过程中会搜集关于研究对象的一些比较私人的信息，所以质性研究中的伦理道德问题更容易引起大家的关注。

1. 保密性

研究者在访谈之前会把保密性的情况告知研究对象，包括研究对象的姓名以及个人信息都会保密。研究对象在访谈中提供的信息也只是作为研究用，在使用前会征得研究对象的同意。访谈录音会得到妥善保管，绝对不会出现泄露的情况。

2. 知情同意权

在研究的过程中会告知研究对象，参与此次访谈是完全自愿的。在访谈过程中如果想要中途退出是可以的，并且访谈的录音仅仅会用于研究使用。

3. 中立性

在访谈的过程中研究对象对于问题的见解和看法，研究者都是带着接纳客观的态度来对待，不会用自己的思维模式来进行情绪性的评价，以保证访谈资料的真实性。

第五节　结论

（1）青少年网络利他行为的内容大多和学习有关，其表现形式主要有网络指导、网络分享、网络支持和网络提醒。其中，网络指导和网络分享最为常见。

（2）网络利他行为对青少年道德发展的影响主要表现为：促进了青少年的社会责任感、家庭责任感和班级责任感；增强了对道德事件的情感觉察与体验；更愿意在现实生活中帮助别人，帮助别人的形式更为多样；更愿意克服困难去帮助别人；更加客观公正地评判行为，形成了自己的更加符合社会规范的道德判断标准。

第三章

网络利他行为与乐观人格的关系：网络社会支持的中介作用

第一节　引言

　　根据中国互联网络信息中心（CNNIC）于 2016 年 1 月发布的第 37 次《中国互联网络发展状况统计报告》，截至 2015 年 12 月底，中国网民数量达到 6.88 亿。网络已成为人们日常生活、学习和工作不可缺少的重要组成部分。人们在网络环境中产生的心理和行为也已成为心理学研究的一个热点（马晓辉、雷雳，2011）。可是，对网络心理和行为的探讨，研究者关注更多的是网络带给人们的消极影响，如网络成瘾、网络攻击、网络色情等，而忽略了网络带给人们的积极影响（Amichai-Hamburger & Furnham，2007）。当下，随着人们在网络中的交流与互动日益增多，网络中的助人行为也随处可见，比如在网上上传他人需要的资料、跟帖表示对他人的支持、提醒他人防止网络上的一些欺骗行为，等等。网络环境中的这些助人行为——网络利他行为逐渐引起了学者的关注（Wasko & Faraj，2000；Wright & Li，2011）。网络利他行为是指在网络环境中表现出来的支持、指导、分享、提醒等有利于他人和社会，且不期望得到任何回报的自觉自愿行为（郑显亮，2013）。有研究者指出，由于网络人际关系的匿名性和广泛性，网络利他行为要多于现实利他行为，人们更愿意在网上去帮助他人（Wallace，2001）。研究者对网络环境和个体心理特征对网络利他行为的影响给予了一定关注（Markey，2000；Nicolas，2008）。很显然，个体心理特征会对网络利他行为产生影响，如郑显亮、张婷和袁浅香（2012）的研究表明，自尊和通情均能影响大学生的网络利他行为。但网络利他行为作为个体表现出来的一种积极行为，也可能会对个体心理的形成和发展产生一定影响，目前缺乏这方面的研究。

随着积极心理学的兴起，乐观成为西方积极心理学的核心概念和研究热点。Scheier 和 Carver（1992）认为乐观是人们在相似的情境中发展的一种类化期望，是一种比较稳定的人格特质，从而提出了乐观人格的概念，认为乐观人格是对未来好结果的总体期望，是一种积极的人格特质。一般来说，乐观的人常具有良好的心境、更高的坚持性，其行为带有明显的积极特征，具有更大的成功可能性（任俊、叶浩生，2005）。很多研究表明，乐观人格能够帮助人们更好地应对生命中的各种危机和挑战，有助于个体维护身心健康和提升生活质量（Karl & Wolfgang，2001；Symister & Friend，2003）。因此，培养个体的乐观人格具有重要的现实意义。研究者对网络利他行为与人格特质的关系进行了探讨。郑显亮和顾海根（2012）的研究发现，网络利他行为与大五人格特质有着较密切的关系，网络利他行为与外倾性、责任性和开放性存在显著的正相关。而外倾性和责任性对乐观具有重要的影响，能很好地预测个人的乐观水平（Karl & Wolfgang，2001）。因此本书推断，网络利他行为与乐观人格也存在较密切的关系。另外，Schneider（2001）的研究表明，乐观人格虽然具有一定的天性成分，但主要还是后天形成的，乐观人格可以通过发展人的良好行为和社会的良好环境来建构。因此，笔者认为，网络利他行为作为个体在网络环境中表现出来的良好行为，它可能会对乐观人格的形成产生影响。那么，网络利他行为是怎样对乐观人格产生影响的呢？它的影响机制是怎样的呢？这是本章拟探讨的问题。

网络社会支持是指个体在网络人际互动中被尊重、支持和理解的程度(Turner, Grube & Meyers, 2001)。研究者对网络社会支持进行了初步探讨。梁晓燕(2008)通过探索性因素分析发现,网络社会支持主要包括情感支持、工具性支持、信息支持和友伴支持四个维度。有研究表明,网络利他行为与网络社会支持呈显著正相关,网络利他行为的程度越高,个体获得的网络社会支持就越多(郑显亮,2013;赵欢欢等,2012)。Gregory 和 Heather(2004)的研究显示,现实社会支持对乐观有重要影响,个体获得的社会支持越多,则越乐观。而网络社会支持是现实社会支持的重要补充,它扩展了个体的社会支持网络(Walther & Parks, 2002)。共同建构理论(the co-construction theory)也认为,个体在网络上的心理联结与他们在线下世界的联系是相似的,他们会共同建构他们的网络世界(online worlds)和线下世界(offline worlds)(Subrahmanyam & Greenfield, 2008)。因此,可以推断,网络社会支持和现实社会支持一样,对乐观人格也具有重要的影响。

基于网络利他行为、网络社会支持和乐观人格三者之间的密切关系,笔者认为网络利他行为一方面有可能会直接影响个体的乐观人格,另一方面还有可能通过影响网络社会支持,进而间接影响到乐观人格。基于以往实证研究的结果和相关理论文献,本章提出假设:网络利他行为可以正向预测网络社会支持和乐观人格,网络社会支持对乐观人格也有正向预测作用。即网络社会支持在网络利他行为影响乐观人格的关系中起着中介作用(见图3—1)。

综上所述,本章拟以大学生为被试者,探讨个体在虚拟的网络环境中从事网络利他行为、获得网络社会支持的过程中,对其乐观人格会产生什么样的影响?影响机制又是怎样?以期为网络利他行为对个体的影响与价值提供一个参考依据。

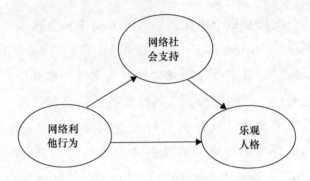

图 3—1 网络社会支持在网络利他行为影响乐观人格关系中的中介作用

第二节 研究方法

一 被试

采用整群抽样的方法，以班级为单位集体施测，学生做完后当场收回。在江西省某两所大学抽取了 380 名本科生作为被试，回收问卷 368 份，剔除无效问卷 16 份，得到有效样本 352 名（男生 158 人，女生 194 人；文科 187 人，理科 165 人；来自城镇的 220 人，来自农村的 132 人），样本有效率为 92.63%。平均年龄 20.27 ± 1.35 岁，平均网龄 5.03 ± 2.47 年，平均每周上网时间为 20.48 ± 16.25 小时。

二 研究工具

（一）网络利他行为量表

采用郑显亮（2010）编制的网络利他行为量表。该量表已经在国内多个研究中得到使用（郑显亮、顾海根，2012；赵欢欢等，2012），具有较好的信效度。共 26 个项目，包括网络支持（9 个项目，如"在网上帮助他人排忧解难，解决一些生活、学习或情感问题"）、网络指导（6 个项目，如"指导网友如何更好地使用网络"）、网络分享（6 个项目，如"在网上与他人分享自己成功的学习经验")、网络提醒(5个项目,如"在网上提醒他人警惕某些诈骗、引诱等不良信息")4个维度。量表采用4点记分,从"1=从不"到"4=通常",要求被试对所陈述的网络行为在自己身上发生的频数进行判断。得分越高,表明被试网络利他行为的程度越高。该量表在本章中的 α 系数为0.92,各维度的 α 系数在0.78—0.87之间。

(二) 乐观人格量表

采用李逸龙(2009)编制的乐观人格量表。该量表是参照生活取向测验(Life Orientation Test,LOT),并结合国内大学生的调查访谈编制而成,具有较高的信效度。共12个项目,包含乐观(6个项目,如"我总是认为,凡事最终都会好起来")和悲观(6个项目,如"对今后的生活,我常常感到忧心忡忡")两个维度。量表采用7点记分,从"1=非常不同意"到"7=非常同意"。本章采用总体乐观,总体乐观是乐观维度与反向记分的悲观维度之和,该分越高表示个体越乐观。该量表在本章中的 α 系数为0.87。

(三) 网络社会支持问卷

采用梁晓燕(2008)编制的网络社会支持问卷。该问卷共23个项目,包括信息支持(5个项目,如"通过网络交往可以从他人那里得到一些学习资料")、友伴支持(8个项目,如"当我感到孤独时,能通过网络向他人倾诉")、情感支持(6个项目,如"当在网上发布自己成功的消息时,会有人向我祝贺")和工具性支持(4个项目,如"我能通过网络与他人进行物品交换")4个维度。要求被试评估项目与自己的符合程度,采用5点记分,从"1=完全不符合"到"5=完全符合",得分越高表示个体获得的网络社会支持越多。该问卷已经应用于国内多项研究(郑显亮,2013;池思晓、龚文进,2011),具有较高的信效度。该问卷在本章中的 α 系数为0.91,各维度的 α 系数在0.75—0.85之间。

三　共同方法偏差的控制

本章对变量的测查均采用自陈问卷的方法。研究者指出，当问卷题目都用相同的作答形式时，容易产生共同方法偏差（common method biases），从而影响研究的准确性（杜建政、赵国祥、刘金平，2005）。研究者对共同方法偏差的控制一般采用程序控制和统计控制两种途径（Podsakoff，MacKenzie，Lee & Podsakoff，2003）。笔者首先采用程序控制的方法，具体包括：（1）采用匿名方式进行测查。被试在问卷上不用署名，并在指导语中强调问卷的保密性。（2）部分项目使用反向题。（3）选用信效度较高的成熟量表作为测量工具。（4）内容相似的问卷分开进行施测，做到测量时间上的分离。数据收集完成后，进一步采用 Harman 单因素检验对共同方法偏差进行检验。具体做法是：把所有变量放到一个验证性因素分析中，设定公因子数为 1，对"单一因素解释了所有的变异"这一假设进行检验（周浩、龙立荣，2004）。结果显示，各项拟合指数均不理想（$x^2 = 691.48$，$df = 35$，$x^2/df = 19.76$，$RMSEA = 0.21$，$NNFI = 0.73$，$CFI = 0.78$，$GFI = 0.70$），表明并没有单独一个因素解释了所有的变异，提示本章中共同方法偏差不明显。

第三节　结果与分析

一　网络利他行为、网络社会支持与乐观人格的相关

对网络利他行为、网络社会支持与乐观人格的相关分析发现（见表 3—1），网络利他行为总分及其各维度与乐观人格均存在显著正相关，网络社会支持总分及其各维度与乐观人格之间的正相关均显著，网络利他行为与网络社会支持之间的正相关也显著，表明网络利他行为、网络社会支持和乐观人格之间的关系密切。

表 3—1　　　　网络利他行为、网络社会支持、乐观人格的相关

	1	2	3	4	5	6	7	8	9	10	11
1 网络支持	1										
2 网络指导	0.68**	1									
3 网络分享	0.72**	0.69**	1								
4 网络提醒	0.66**	0.67**	0.67**	1							
5 网络利他行为总分	0.92**	0.85**	0.87**	0.83**	1						
6 信息支持	0.51**	0.38**	0.39**	0.34**	0.48**	1					
7 友伴支持	0.53**	0.41**	0.40**	0.38**	0.51**	0.59**	1				
8 情感支持	0.59**	0.47**	0.53**	0.44**	0.60**	0.59**	0.70**	1			
9 工具性支持	0.18**	0.32**	0.27**	0.24**	0.27**	0.32**	0.43**	0.46**	1		
10 网络社会支持总分	0.59**	0.49**	0.50**	0.44**	0.59**	0.77**	0.90**	0.87**	0.63**	1	
11 乐观人格	0.26**	0.19**	0.21**	0.21**	0.26**	0.28**	0.23**	0.25**	0.16*	0.27**	1

注: * 表示 $P < 0.05$，** 表示 $P < 0.01$，*** 表示 $P < 0.001$，下同。

二　网络社会支持在网络利他行为影响乐观人格中的中介效应检验

为检验网络社会支持在网络利他行为影响乐观人格中的中介效应，本章采用温忠麟、张雷、侯杰泰和刘红云（2004）提出的中介效应检验程序，即分别考察 c（自变量对因变量的直接影响）、c′（考虑中介变量后，自变量对因变量的影响）、a（自变量对中介变量的影响）和 b（中介变量对因变量的影响）。有研究者认为性别会对利他行为产生影响（Eagly & Crowley，1986），故本章首先把性别作为控制变量，然后将网络利他行为、网络社会支持和乐观人格各变量中心化，再进行分层回归分析。第一步以乐观人格（y）为因变量，网络利他行为（x）为自变量进行回归，检验网络利他行为对乐观人格的预测作用；第二步以网络社会支持（m）为因变量，网络利他行为为自变量进行回归，检验网络利他行为对作为中介变量的网络社会支持的预测作用；第三步以乐观人格为因变量，将网络利他行为和网络社会支持同时放入回归方程。由表3—2可知，网络利他行为对乐观人格和网络社会支持均有显著的正向预测作用，网络社会支持对乐观人格也有显著的正向预测作用。由于网络利他行为对乐观人格的直接影响（c）、网络利他行为对网络社会支持的影响（a）和网络社会支持对乐观人格的影响（b）都是显著的，所以网络社会支持的中介效应显著。又由于考虑网络社会支持这个中介变量后，网络利他行为对乐观人格的影响（c'）还是显著的，所以是部分中介效应。中介效应值为 $0.59 \times 0.18 = 0.11$，中介效应占总效应的比例为 $0.11/0.26 = 42.31\%$。

表3—2　　　　　　　　网络社会支持的中介效应依次检验

步骤	因变量	预测变量	标准化回归方程	回归系数检验
1	乐观人格	网络利他行为	$y = 0.26x$	$SE = 0.02$，$t = 6.25$ ***
2	网络社会支持	网络利他行为	$m = 0.59x$	$SE = 0.04$，$t = 17.30$ ***
3	乐观人格	网络社会支持	$y = 0.18m$	$SE = 0.02$，$t = 3.49$ ***
		网络利他行为	$+ 0.15x$	$SE = 0.02$，$t = 2.98$ **

第四节　讨论

一　网络利他行为与乐观人格的关系

相关分析结果显示，网络利他行为与乐观人格存在显著正相关，表明网络利他行为的程度越高，个体的乐观水平就越高。进一步的回归分析发现，网络利他行为对乐观人格具有显著的正向预测作用。此结果验证了研究假设。Wallace（2001）指出，个体在从事网络利他行为时，虽然不需要任何外部的奖赏，但是在做出利他行为后会产生愉悦感、心理满足感、成就感等积极的情绪体验。而增进个体的积极体验是培养乐观人格的最主要途径（任俊、叶浩生，2005）。Chang、Sanna 和 Yang（2003）的研究结果也发现，积极情感与乐观人格存在显著正相关。因此，网络利他行为会对乐观人格产生积极影响。另外，郑显亮、张婷和袁浅香（2012）的研究表明，网络利他行为与自尊显著正相关，网络利他行为的程度越高，自尊水平就越高。而自尊与乐观人格具有较高的相关性，自尊水平越高的个体乐观倾向越突出（Anne，Ulla & Taru，2004；高志奎，2011）。因此，网络利他行为的程度越高，个体的自尊水平就越高，个体对未来事件就会持更多的积极态度，能够看到生活的更多积极面，从而易于形成乐观特质。

二　网络社会支持在网络利他行为影响乐观人格中的中介效应

本章采用分层回归分析验证了网络利他行为对乐观人格具有显著的正向预测作用后，引入网络社会支持这一中介变量，就网络利他行为对乐观人格影响的具体过程进行探讨。结果发现，网络利他行为对乐观人格可以产生直接影响；同时，网络利他行为又通过网络社会支持间接影响乐观人格。表明网络社会支持在网络利他行为对乐观人格影响中存在着部分中介效应。有研究者指出，自我决定理论（self-determination theory，SDT）可以很好地解释积极人格形成的心理动力（任俊，2012）。自我决定理论认为，和人其他各方面的发展一样，积极人格的发展也需要某种动力，这种动力主要来自个体的动机——内在动机和外在动机（Ryan & Deci，2000）。内在动机作为人类本质特征的一个重要方面，在人的一生中都发挥着重要作用，影响着人的行为、成长和发展。网络利他行为是个体在网络环境中发生的不期望得到任何回报的自愿行为，它不求任何外在奖励，但也能满足个体内在的心理需要，如能获得一定程度的愉悦感和成就感。因此，网络利他行为是一种受内在动机支配的行为，它能增进个体的积极体验，这对乐观人格的形成具有重要的作用。但在乐观人格形成的过程中，网络利他这种内在动机并不是乐观人格形成的唯一动力源，它需要外在动机的支持。网络社会支持的获得作为特定的外在动机能够强化网络利他行为，刺激助人者的积极体验强度，增加个体对事物积极结果的预期，有助于乐观人格的形成与发展。因此，一方面，网络利他行为直接促进了乐观人格的形成；另一方面，网络利他行为又通过网络社会支持这一"媒介"，对个体的乐观人格产生积极影响。另外，从中介效应路径模型可以看出，在大学生网络利他行为对乐观人格的影响中，网络社会支持起着较大的作用，有近一半（42.31%）的效应是通过这个中介过程实现的。这一结果提示高校教育工作者和相关教育部门要加强对大学生网络行为的监管，一方面要鼓励和引导大学生在网络环境中利用自己的网络经验和专业特长尽可能多地去帮助他人，提高网络利他行为水平；另一方面要对大学生在网络上的良好表现给予大力支持，鼓励大学生在网络中去积极寻求并获取尽可能多的社会支持，这些都有助于促进大学生积极的乐观人格的形成。

三　研究的意义与局限

本章以大学生为研究对象，采用问卷调查法考察了网络社会支持在网络利他行为影响乐观人格关系中的作用，结果发现网络社会支持在网络利他行为对乐观人格的影响中起部分中介作用。研究结果有助于深入理解网络利他行为对个体的影响与价值，丰富了网络心理学和积极心理学的研究内容，对相关部门加强大学生网络行为的科学引导也具有一定的实践意义。

研究还存在一些不足之处需要改进。首先，本章采用横断研究的方法，考察了网络利他行为、网络社会支持与乐观人格间的关系，但横断研究的特点使得三者间的因果关系并不完全可靠，未来研究需进一步采用追踪设计，以对这几个变量间的因果关系进行验证和支持。其次，研究所有的样本均来自江西省内的两所高校，样本的选取面不够广泛，因此在把研究结论推广到其他学校的大学生时，需要谨慎。再次，在自陈问卷的回答中，被试可能存在社会称许性效应，导致收集到的数据会受到共同方法变异的影响。为了保证研究的质量,本章对共同方法偏差进行了严格的程序控制和统计控制,后续研究可以进一步结合深度访谈等质性研究的思路,对量化研究的结果进行解释与验证。最后,研究只关注了网络社会支持在网络利他行为影响乐观人格关系中的作用,对于一些可能影响网络利他行为与乐观人格之间关系的其他因素并未涉及,如自尊、归因方式等,后续研究可以进一步对这些可能的中介变量进行更深入的分析,以全面理解网络利他行为对乐观人格的影响机制。

第五节 结论

（1）乐观人格、网络利他行为和网络社会支持间均存在显著正相关。

（2）分层回归分析结果表明,网络利他行为和网络社会支持均能显著预测乐观人格,网络社会支持在网络利他行为影响乐观人格的关系中起部分中介作用。中介效应值为 0.11,中介效应占总效应的比例为 42.31%。

第 四 章

网络利他行为对乐观人格的影响：
积极情绪的中介作用

第一节　引言

　　互联网的高速发展和网民的迅速增加，已使得网络心理学成为心理学研究的一个热点（马晓辉、雷雳，2011）。当下，随着人们网络交流与互动的日益增多，网络中的利他行为也随处可见，比如在网上上传他人需要的资料、跟帖表示对他人的支持、提醒他人防止网络欺骗等。网络利他行为是指在网络环境中表现出来的支持、指导、分享、提醒等有利于他人和社会，且不期望得到任何回报的自觉自愿行为（郑显亮，2013）。网络环境的匿名性、超时空性和共享性等特征有利于网络利他行为的发生。研究者指出，网络环境的匿名性较好地避免了"责任扩散"的可能性，网络中助人者越多，利他行为越容易发生（王小璐、风笑天，2004）；网络的超时空性和共享性使得网络利他行为的受惠面大为扩大，人们在网上比实际生活中更乐于帮助他人（Wallace，2001）。由于网络利他行为是网络中的"正能量"，对"弘扬时代新风"具有重要的现实意义，因此网络利他行为已逐渐引起了学者的关注（Wasko & Faraj，2000；Wright & Li，2011；郑显亮，2013）。但文献检索发现，前人对网络利他行为的前因变量（如网络环境和个体心理特征对网络利他行为的影响）探讨得较多（Markey, 2000；Michelle & Wright, 2011；Nicolas, 2008；郑显亮，2013），而对网络利他行为的后果变量则缺乏研究。

乐观人格是积极心理学的一个重要主题。Scheier 和 Carver（1992）指出，乐观人格是对未来好结果的总体期望，是一种积极的人格特质。一般认为，乐观人格对个体的身心健康维护和生活质量的提升具有重要意义（Karl & Wolfgang, 2001）。研究者强调，环境因素对个体乐观的发展起着重要的作用（Symister & Friend, 2003）。Schneider（2001）的研究表明，乐观人格虽然具有一定的天性成分，但主要还是后天形成的，乐观人格是可以通过发展人的良好行为和社会的良好环境来建构的。毫无疑问，网络利他行为是一种良好行为，并且也可以营造出一种互帮互助的良好的网络环境。另外，个体在网络上利用自己的经验或能力去帮助他人解决问题，久而久之，这种积极的助人能力会得到发展与提高。而具有了积极行为能力的个体，会有意识地对自己的行为方式及心理体验施加一定的积极影响，从而影响自己的人格建构（任俊、叶浩生，2005）。因此，笔者认为，个体经常从事网络利他行为很可能会对其乐观人格产生影响。

个体在网上从事利他行为时，虽然不需要得到他人的奖赏和报答，但不排除自我奖赏、自我安慰、对方的感谢和获得他人的认同等，因此会产生愉悦感、欣慰感、兴奋感、自我满足感等积极情绪体验（郑显亮，2013）。积极情绪是与个体需要的满足相联系的、伴随主观愉悦体验的情绪（孟昭兰，2005）。研究者发现，积极情绪不仅与个体的身体健康、心理健康和社会适应有密切的关系（Moskowitz, Epel & Acree, 2008；Seale, Berges, Ottenbacher & Ostir, 2010；Steptoe, Dockray & Wardle, 2009），而且积极情绪对健全人格的养成有着不可忽视的促进作用（杨集梅、郑涌、徐莹，2009）。Fredrickson（2001）提出了积极情绪的拓展建构理论

（broaden-and-build theory of positive motions）。该理论认为，积极情绪能够帮助建构个体资源，包括身体资源（如身体技能、健康）、智力资源（知识、执行控制能力）、人际资源（友谊、社会网络）和心理资源（心理恢复力、乐观、创造性）等。积极情绪能提高思维的创造性与灵活性，对环境的处理方式也更积极，能更加密切人际联系，促进社会适应，能增加个体对事物积极结果的预期，有助于乐观人格的形成与发展。任俊和叶浩生（2005）指出，增进个体的积极情绪体验是培养乐观人格的最主要途径。Watson、Clark 和 Tellegen（1988）的研究也显示，拥有积极情绪的人更热情、主动、快乐，看待未知的结果更加乐观。可见，积极情绪对乐观人格会产生影响。综上，网络利他行为与积极情绪的关系密切，而积极情绪又可能对乐观人格产生影响。因此，本章提出假设：积极情绪在网络利他行为对乐观人格的影响中可能起着部分中介作用，即网络利他行为对乐观人格会产生直接影响，同时又通过积极情绪这一中介变量对乐观人格产生间接影响（见图4—1）。

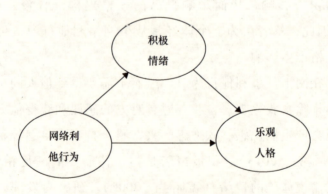

图4—1 积极情绪的中介作用

由此，本章拟以青少年为被试，探讨青少年网络利他行为对其乐观人格的影响以及积极情绪在其中的作用，以期为网络利他行为对个体的影响与价值提供一个参考依据。

第二节　研究方法

一　被试

采用方便取样的方法,在江西省新余市抽取两所中学,每所学校从初一至高三年级各抽 1 个班级进行测试。共分发问卷 700 份,剔除无效问卷后,获得有效问卷 655 份(其中男生 321 人,占49.01%;女生 334 人,占 50.99%;初一学生 120 名,占 18.32%,初二学生 114 名,占 17.40%,初三学生 110 名,占 16.79%,高一学生 103 名,占 15.73%,高二学生 107 名,占 16.34%,高三学生101 名,占 15.42%),有效回收率为 93.57%。平均年龄 14.82 ±1.76 岁。

二　研究工具

(一) 乐观人格量表

采用李逸龙(2009)编制的乐观人格量表。该量表是在参照生活取向测验(Life Orientation Test, LOT)的基础上修订而成,具有较高的信效度。共 12 个项目,包含乐观(6 个项目)和悲观(6 个项目)2 个维度。量表采用 7 点记分("1 = 非常不同意","7 = 非常同意")。本章采用总体乐观,总体乐观是乐观维度与反向记分的悲观维度之和,该分越高表示个体越乐观。该量表在本章中的 α 系数为 0.85。

(二) 网络利他行为量表

采用郑显亮(2010)编制的网络利他行为量表。该量表已经在国内多个大学生群体中得到使用(郑显亮、顾海根,2012;赵欢欢等,2012),具有较好的信效度。郑显亮(2012)把该量表运用到中学生群体,发现也具有较好的信效度,表明该量表同样适用于中学生。该量表共 26 个项目,包括网络支持(9 个项目)、网络指导

（6个项目）、网络分享（6个项目）、网络提醒（5个项目）4个维度。量表采用4点记分（"1＝从不"，"4＝通常"）。得分越高表明网络利他行为的水平越高。在本章中，该量表的α系数为0.93，各维度的α系数在0.78—0.89之间。

（三）积极情感量表

采用邱林、郑雪和王雁飞（2008）修订的积极情感消极情感量表（PANAS）中测量积极情感的积极情感分量表。共9个项目，即活跃的，充满激情的，快乐的，兴高采烈的，兴奋的，自豪的，欣喜的，精力充沛的，感激的。量表采用5点记分（"1＝非常轻微"，"5＝非常强烈"）来评估被试情绪体验的程度。得分越高表明积极情绪水平越高。本章中，该量表的α系数为0.89。

三　共同方法偏差的控制

本章对共同方法偏差的控制采用了程序控制和统计控制两种途径。首先采用程序控制的方法，具体包括：（1）采用匿名方式进行测查。被试在问卷上不用署名，并在指导语中强调问卷的保密性，强调问卷只用于科研；（2）部分项目使用反向题；（3）选用信效度较高的成熟量表作为测量工具。统计控制采用的是Harman单因素检验法，具体做法是：把所有变量放到一个验证性因素分析中，设定公因子数为1，对"单一因素解释了所有的变异"这一假设进行检验（周浩、龙立荣，2004）。结果显示，各项拟合指数均不理想（$x^2 = 501.39$，$df = 27$，$x^2/df = 18.57$，$RMSEA = 0.18$，$NFI = 0.74$，$NNFI = 0.75$，$CFI = 0.76$，$GFI = 0.70$），表明并没有单独一个因素解释了所有的变异，提示本章中共同方法偏差不明显。

第三节　结果与分析

一　乐观人格与网络利他行为、积极情绪的相关

对乐观人格与网络利他行为、积极情绪的相关分析发现（见表4—1），乐观人格与网络利他行为总分及其各维度、积极情绪之间均存在显著正相关，网络利他行为与积极情绪之间的正相关也显著，表明乐观人格与网络利他行为、积极情绪之间的关系较密切。

表 4—1　　　　乐观人格与网络利他行为、积极情绪的相关

	1	2	3	4	5	6	7
1. 网络支持	1						
2. 网络指导	0.67**	1					
3. 网络分享	0.71**	0.68**	1				
4. 网络提醒	0.66**	0.66**	0.68**	1			
5. 网络利他行为总分	0.89**	0.85**	0.86**	0.82**	1		
6. 积极情绪	0.35**	0.37**	0.36**	0.34**	0.40**	1	
7. 乐观人格	0.27**	0.20**	0.22**	0.23**	0.27**	0.45**	1

二　积极情绪的中介作用检验

为检验积极情绪在网络利他行为影响乐观人格中的中介作用，本章采用分层回归分析进行检验（温忠麟等，2004）。有研究发现性别会对乐观人格产生影响（李岚，2011），故本章首先把性别作为控制变量，然后对网络利他行为、积极情绪和乐观人格进行中心化处理。分层回归分析分三个步骤进行：第一步回归分析是把乐观人格（y）作为因变量，网络利他行为（x）作为自变量，检验网络利他行为对乐观人格的预测作用；第二步回归分析是把积极情绪（m）作为因变量，网络利他行为作为自变量，检验网络利他行为对作为中介变量的积极情绪的预测作用；第三步则以乐观人格为因

变量，将网络利他行为和积极情绪同时放入回归方程。由表4—2可知，网络利他行为对乐观人格和积极情绪均有显著的正向预测作用，积极情绪对乐观人格也有显著的正向预测作用。由于网络利他行为对乐观人格的直接影响（c）、网络利他行为对积极情绪的影响（a）和积极情绪对乐观人格的影响（b）都是显著的，所以积极情绪的中介作用显著。又由于考虑积极情绪后，网络利他行为对乐观人格的影响（C'）还是显著的，所以是部分中介作用。从表4—2还可得出，积极情绪的中介效应值是 $0.58 \times 0.21 = 0.12$，中介效应值占总效应的比例是 $0.12/0.28 = 42.86\%$。

表4—2   积极情绪的中介作用依次检验

步骤	因变量	预测变量	标准化回归方程	回归系数检验
1	乐观人格	网络利他行为	$y = 0.28x$	$SE = 0.03$，$t = 9.33$ ***
2	积极情绪	网络利他行为	$m = 0.58x$	$SE = 0.04$，$t = 14.51$ ***
3	乐观人格	积极情绪	$y = 0.21m$	$SE = 0.03$，$t = 7.04$ ***
		网络利他行为	$+ 0.16x$	$SE = 0.03$，$t = 5.33$ **

采用 LISREL 软件中的 Bootstrap 程序（Shrout & Bolger, 2002）对积极情绪的中介效应进行显著性检验。首先采用重复随机抽样的方法在原始数据（$N = 655$）中抽取 1000 个 Bootstrap 样本，生成并保存 1000 个中介效应值，形成一个近似抽样分布，同时计算出中介效应的平均路径系数，如果平均路径系数在 95% 的置信区间没有包括 0，则表明中介效应显著。本次 Bootstrap 检验的结果显示，积极情绪在网络利他行为与乐观人格的中介效应的 95% 置信区间为（0.05，0.18），说明积极情绪在网络利他行为与乐观人格之间的中介效应显著。

第四节　讨论

一　网络利他行为与乐观人格的相关

本章结果显示，网络利他行为与乐观人格存在显著正相关，表明网络利他行为的程度越高，个体的乐观水平就越高。进一步的回归分析发现，网络利他行为对乐观人格具有显著的正向预测作用。有研究者指出，自我决定理论（self-determination theory，SDT）可以很好地解释积极人格形成的心理动力（任俊，2012）。自我决定理论认为，和人的其他各方面的发展一样，积极人格的发展也需要某种动力，这种动力主要来自于个体的动机——内在动机和外在动机（Ryan & Deci，2000）。内在动机作为人类本质特征的一个重要方面，在人的一生中都发挥着重要作用，影响着人的行为、成长和发展。网络利他行为是个体在网络环境中发生的不期望得到任何回报的自愿行为，它不求任何外在奖励，但也能满足个体内在的心理需要，如能获得一定程度的愉悦感和成就感。因此，网络利他行为是一种受内在动机支配的行为，它能增进个体的积极体验，使得个体对未来事件持更多的积极态度，能够看到生活的更多积极面，从而对乐观人格的形成和发展产生积极影响。

二　积极情绪在网络利他行为影响乐观人格中的中介效应

本章采用分层回归分析验证了网络利他行为对乐观人格具有显著的正向预测作用后，引入积极情绪这一中介变量，就网络利他行为对乐观人格影响的具体过程进行探讨。结果发现，积极情绪在网络利他行为对乐观人格影响中存在着部分中介作用。此结果验证了研究假设。Fredrickson（2001）的积极情绪拓展建构理论可用来解释积极情绪在青少年网络利他行为与乐观人格关系中所起的作用。个体在从事网络利他行为后会产生愉悦感、心理满足感、成就感等积极情绪体验，而积极情绪可以拓展个体的认知能力，增强认知灵活性，建构持久性的个人资源，包括知识资源、心理资源、社会资源等。这会使青少年采取更为积极的方式去应对环境，促进社会适应，发现个人的价值和生活的意义，主动地设置生活目标，增加对未来结果的积极预期，从而提高个体的乐观水平。因此，积极情绪是青少年网络利他行为促进其乐观水平提高的重要内在原因。这一结果提示教育工作者要在平时的日常生活和学习过程中，增强青少年积极情绪的体验，要让青少年明晰生活的意义和学习的目的，要减轻学生的学业负担，让青少年的生活和学习变得轻松、愉悦、有意义，这些都有助于青少年乐观人格的形成与发展。

第五节　结论

（1）乐观人格、网络利他行为和积极情绪间均存在显著正相关。

（2）分层回归分析结果表明：网络利他行为和积极情绪均能显著预测乐观人格；在网络利他行为对乐观人格的影响中，积极情绪起部分中介作用；积极情绪的中介效应值为 0.12，中介效应值占总效应的比例为 42.86%。

第 五 章

网络利他行为与感恩的关系：
移情的作用

第一节 引言

随着网络的日益普及，青少年上网已是普遍现象。毫无疑问，网络给青少年的学习、生活、娱乐等提供了诸多便利，青少年在网络上的交流互动日益增多。诚然，青少年在网络交往中会产生一些消极的偏差行为，如谩骂、欺骗、攻击等，但也存在一些积极的利他行为，如主动地帮助他人解决难题、祝福他人、对网友给予鼓励支持等。这种在网络环境中表现出来的有利于他人和社会，且不期望得到任何回报的自觉自愿行为，称为网络利他行为（郑显亮，2013）。网络利他行为有助于加强青少年的社会公德、思想品德及美德教育，对"弘扬时代新风""唱响网上主旋律"及促进社会的和谐发展，都具有重要的实践意义，因此正日益受到研究者的关注。通过文献研究发现，目前有关网络利他行为的研究基本集中在其内涵（Amichai-Hamburger & Furnham，2007；Joinson，2003）、表现形式（丁迈、陈曦，2009；彭庆红、樊富珉，2005）、影响因素及机制（Nicolas，2008；赵欢欢等，2012；郑显亮，2013）上，而很少关注网络利他行为对助人者的影响后果及机制。

随着积极心理学的兴起和发展，感恩正日益成为心理学研究的一个热点（Grant & Gino, 2010）。感恩是一种觉察到别人给予或者试图给予他有价值的东西时所产生的积极的情绪，是一种在接受别人恩惠时的正性情绪（Emmons & McCullough, 2003）。感恩是中华民族的传统美德。长期以来，感恩一直是我国家庭教育和学校教育的重要内容。培养和促进青少年感恩有利于青少年社会责任感、良好的自我概念和健全人格的形成，对提高民族凝聚力与和谐社会建设也具有重要的现实意义。研究者对感恩与利他行为的关系进行了诸多探讨。一般认为，感恩可以激发个体表现出更多的利他行为（Adam & Francesca, 2010; Bartlett & DeSteno, 2006; Graham, 1998）。也有研究者指出，感恩作为一种积极情绪，个体积极的主客观经验能诱发其感恩情绪（Emmons & Shelton, 2005）。而个体在实施网络利他行为之后，会得到别人的赞赏与鼓励，内心也会产生愉悦感、自我满足感、成就感等积极情绪体验，这些情绪体验有可能会诱发个体的感恩情绪。因此，笔者认为，网络利他行为有助于促进个体感恩情绪的提高。

为考察青少年网络利他行为作用于感恩的具体机制，本章拟引入移情这一变量。移情在很多研究中被证明是一个很重要的中介变量，有时也充当调节变量。移情是指在体察他人情绪的基础上，能与他人产生情绪共鸣并能共享，能同情并欲相助陷于困境之人，是对他人情绪状态或情绪条件的反应（Hans & Lena, 1992）。感恩是在人际交往过程中产生的情绪，其核心是受惠者在受到恩惠之后产生的一种愉快情绪体验，这种情绪体验有助于个体获得更多的积极情感和人际关系的和谐（Emmons & McCullough, 2003）。而网络利他行为也是在网络环境中的人际交往中产生的，利他者在做出网络利他行为之后也会产生愉悦感、满足感、成就感等积极情绪体验，也会促成人际关系的和谐。通过对网络利他行为、感恩和移情内涵的剖析可以看出，三者都与人际交往有关，都与情绪情感关系密切，都是在和谐社会建设中应倡导的个体所需要的"正能量"。可见,三者之间具有内在的一致性。还有研究者指出,感恩与移情、利他行为、合群性、信任等发挥积极社会功能的变量有关(McCullough,Kilpatrick,Emmons & Larson,2001)。因此,把网络利他行为、移情与感恩三者联系起来进行统合研究是可能的。

为考察移情在青少年网络利他行为与感恩之间的作用,本章拟采用中介效应和调节效应分析来进行深入探讨。中介效应和调节效应对解释自变量对因变量的影响都具有重要的理论意义。在考虑自变量对因变量的影响时,如果自变量通过影响变量 M 来影响因变量,则称 M 为中介变量(James & Brett,1984)。中介变量是自变量对因变量发生影响的中介,是自变量对因变量产生影响的实质性的内在的原因(MacKinnon,Lockwood,Hoffman,West & Sheets,2002)。如果自变量与因变量的关系是变量 M 的函数,就称 M 为调节变量(James & Brett,1984)。调节变量作为自变量和因变量之间的一个条件变量,调节着自变量对因变量的影响,它会影响自变量与因变量之间关系的强度或方向。那么,移情在青少年网络利他行为与感恩之间的作用,究竟是中介还是调节呢?也就是说,青少年网络利他行为是借助于移情这一中介对其感恩产生影响呢(见图5—1),还是青少年网络利他行为对其感恩的影响会因为移情水平的不同而改变(见图5—2)?本章拟对此进行深入分析,以便更好地促进感恩领域研究的系统性、规范性,也可为青少年感恩和网络利他行为的培养提供实证性依据和支持。

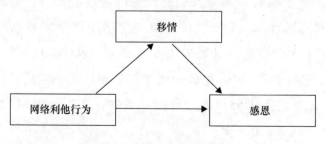

图5—1 移情的中介效应模型

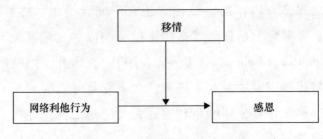

图5—2 移情的调节效应模型

第二节 研究方法

一 被试

采用方便取样的方法，在江西省赣南地区抽取两所中学，每所学校从初一至初三年级各抽 1 个班级进行测试。共分发问卷 300份，剔除无效问卷后，获得有效问卷 282 份，有效回收率为 94%。其中男生 138 名，占 48.94%，女生 144 名，占 51.06%；初一学生104 名，占 36.88%，初二学生 98 名，占 34.75%，初三学生 80名，占 28.37%。平均年龄 13.21±0.96 岁。

二 研究工具

（一）感恩问卷

该问卷由赵淑娟（2010）编制，共 14 个项目。包括感恩认知（4 个项目，如"我认为父母的恩情是任何东西都无法代替的"）、感恩情感（5 个项目，如"我拥有珍贵的亲情、友情，对此我非常感激"）和感恩行为（5 个项目，如"生活中同学需要帮忙时，我尽力帮助"）3 个维度。量表采用 5 点记分，从"1 = 非常不符合"到"5 = 非常符合"，得分越高表明个体感恩的水平越高。该量表在本章中的 α 系数为 0.88，各维度的 α 系数在 0.71—0.84 之间。

（二）网络利他行为量表

该量表由郑显亮（2010）编制，共 26 个项目。包括网络支持

（9个项目，如"对网友给予关心和鼓励"）、网络指导（6个项目，如"指导网友如何防毒、杀毒"）、网络分享（6个项目，如"在论坛上讨论问题，并发表个人意见"）、网络提醒（5个项目，如"告诉网友们一些网络陷阱"）4个维度。量表采用4点记分，从"1 = 从不"到"4 = 通常"来评估网络利他行为发生的频数。得分越高表明网络利他行为的水平越高。在本章中，该量表的 α 系数为 0.93，各维度的 α 系数在 0.77—0.88 之间。

（三）移情量表

该量表由韩丽颖（2005）根据 Mehrabian（1972）编制的移情量表修订而成，共28个项目。量表采用9点记分，从"1 = 绝对反对"到"9 = 绝对赞成"，得分越高表示移情水平越高。该量表在本章中的 α 系数为 0.80。

三　数据统计

数据使用 SPSS 17.0 和 LISREL 8.80 进行统计分析。

四　共同方法偏差的控制

本章所有数据都是通过问卷调查获得，因此有可能存在共同方法偏差（common method bias）。本章对共同方法偏差采用了程序控制和统计控制的方法。首先采用匿名方式检查、强调问卷的保密性、数据仅限于科学研究的说明、选用信效度较高的成熟量表作为测量工具等进行程序控制。然后采用 Harman 单因子检验进行统计控制。研究者指出，将所有变量的项目进行未旋转的主成分因素分析，若得到了多个因子，且第一个因子解释的变异量没有超过40%，则表明共同方法变异问题并不严重（Ashford & Tsui, 1991）。本章的主成分因素分析结果表明，共有 12 个因子的特征根值大于1，且第一个因子解释的变异量只有 12.75%，表明本章共同方法偏差问题不明显。

第三节 结果与分析

一 各变量的描述性统计与相关分析

首先对各变量进行描述性统计与相关分析。相关分析结果显示（见表 5—1），网络利他行为与感恩呈显著的正相关（$r = 0.22$，$p < 0.01$），表明青少年的网络利他行为程度越高，其感恩水平就越高；网络利他行为与移情呈显著的正相关（$r = 0.44$，$p < 0.01$），表明网络利他行为程度越高的青少年，其移情水平越高。移情与感恩也呈显著的正相关（$r = 0.23$，$p < 0.01$），表明移情水平越高的青少年其感恩水平也越高。

表 5—1   各变量的描述性统计与相关分析

	M	SD	感恩	网络利他行为	移情
感恩	58.51	7.66	1.00		
网络利他行为	54.22	16.33	0.22 **	1.00	
移情	152.95	26.60	0.23 **	0.44 **	1.00

二 移情在网络利他行为对感恩影响中的中介效应检验

在对各变量进行相关分析的基础上，采用结构方程模型来探查青少年网络利他行为对其感恩的影响，并检验移情在其中的中介效应。本章同时建构两个模型：部分中介模型（M1）和完全中介模型（M2），通过模型拟合指数的优劣来判断哪个模型更为合理。在部分中介模型中，感恩会直接影响网络利他行为，同时又通过移情间接影响网络利他行为；在完全中介模型中，感恩对网络利他行为影响的直接路径取消，感恩完全通过移情间接影响网络利他行为。考虑到移情量表所含项目数较多，为简化模型测量部分的结构，本章拟对其项目进行打包（parceling）处理。打包采用项目平衡法进行，有研究表明该方法具有满意的统计学特性（Marsh，Scalas & Nagengast，2010）。具体做法是：对移情量表进行单维度的验证性因素分析，把项目按负荷大小由高到低排列，按照每个包的项目因素负荷均衡的原则进行打包。这样，把移情量表打成 3 个包，作为相应变量的观测指标。两模型比较的结果见表 5—2。由表 5—2 可知两模型的各项拟合指数都很好，但发现 M1 模型中网络利他行为对感恩的直接路径不显著（GA2 1 = 0.14，t = 1.77），因此该模型不合理。另外，M1 和 M2 属嵌套模型，根据嵌套模型比较的原理，M2 增加了 1 个自由度，Δx^2（1）= 1.99 < 3.84，p > 0.05，卡方值增加不显著，表明 M2 更加简洁，但拟合程度未发生显著性恶化，因此选择 M2 更为合理，即移情在网络利他行为对感恩的影响中起着完全中介作用（见图 5—3），中介效应值为 0.51 × 0.28 = 0.14。

表 5—2　　　　　　　　　　两结构方程模型的比较

模型	x^2	df	x^2/df	RMSEA	GFI	NNFI	NFI	CFI
部分中介模型（M1）	97.43	32	3.04	0.08	0.94	0.95	0.95	0.97
完全中介模型（M2）	99.42	33	3.01	0.08	0.93	0.95	0.95	0.96

三　移情在网络利他行为对感恩影响中的调节效应检验

青少年网络利他行为对感恩的影响是否会因其移情水平而使得其强度或方向发生改变呢？也就是说，移情是否在青少年网络利他行为和感恩的关系中存在调节效应呢？本章拟对此进行检验。按照温忠麟、侯杰泰和张雷（2005）提出的方法，采用分层回归分析，遵循以下步骤对移情的调节效应进行检验：（1）对网络利他行为和移情得分进行中心化处理，即各自减去其样本均值；（2）生成"网络利他行为×移情"作为交互作用项；（3）以感恩为因变量进行分层回归分析，第一层引入主效应项网络利他行为和移情，第二

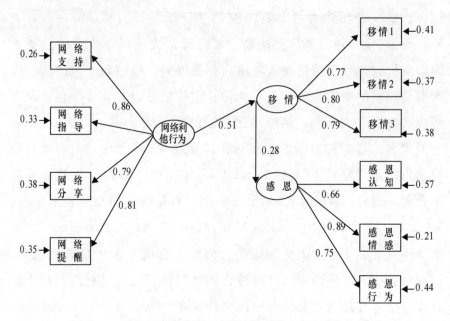

图 5—3 移情在网络利他行为对感恩影响中的完全中介模型

层引入交互作用项，通过新增解释量（ΔR^2）或者交互作用项的回归系数是否显著来判断移情的调节效应是否显著。由表 5—3 可知，引入交互作用项"网络利他行为 × 移情"后，新增解释量（ΔR^2）未达到显著性水平（$p > 0.05$），其交互作用项"网络利他行为 × 移情"的回归系数也未达到显著性水平（$\beta = 0.07$，$p > 0.05$），表明移情在青少年网络利他行为对感恩影响中的调节效应不显著，即研究数据不支持移情调节效应的假设。

表 5—3 分层回归分析结果

	自变量	B	β	t	R^2	ΔR^2
第一层	网络利他行为	0.07	0.16	2.38 *		
	移情	0.05	0.16	2.47 *	0.067	
第二层	网络利他行为 × 移情	0.01	0.07	1.22	0.072	0.005

第四节　讨论

一　青少年网络利他行为与感恩的关系

研究发现，青少年网络利他行为与感恩呈显著的正相关，表明青少年的网络利他行为程度越高，其感恩水平就越高。Emmons 和 Shelton（2005）指出，感恩的缘起主要包括：（1）感恩是自我实现者的核心特征，自我实现者往往表现出一而再地感激；（2）感恩是一种积极情绪，积极的主客观经验能诱发感恩情绪；（3）感恩源于对因他人的支持和帮助而使自己获得积极结果的知觉。网络利他行为是个体在网络环境中发生的不期望得到任何回报的自愿行为，它不求任何的外在奖励，但不排除内在的奖赏，如在做出利他行为之后个体获得的愉悦感、满足感和成就感（郑显亮，2013）。因此，网络利他行为能增进个体积极的主客观体验。另外，有研究显示，网络利他行为与自尊、网络社会支持都存在显著的正相关（郑显亮，2013），网络利他行为水平越高，自尊水平也越高，获得的网络社会支持也越多。而较高水平的自尊和良好的网络社会支持都能促进个体的积极主客观经历和体验，也能促使个体获得积极结果的知觉，进而诱发感恩情绪。因此，青少年在网络环境中从事利他行为会促进其感恩情绪的提高。

二　移情在青少年网络利他行为对感恩影响中的中介效应

青少年网络利他行为对其感恩是如何产生影响的呢？为了更精细、更具体地解释青少年网络利他行为对其感恩的影响，本章引入移情这一中介变量。中介效应检验结果显示，移情在青少年网络利他行为对感恩的影响中存在完全中介效应。也就是说，青少年网络利他行为完全借助于移情这一中介变量对感恩产生影响，表明移情是青少年网络利他行为促进其感恩情绪提高的重要内在原因。有研究发现，网络利他行为与移情呈显著正相关（郑显亮、张婷、袁浅香，2012）。而很多研究表明，移情与感恩之间存在较密切的关系。Lazarus 和 Lazarus（1994）认为，一个人是否体验到感激心情，在于他移情于他人的能力。Ortony、Clore 和 Collins（1988）指出，感恩的产生取决于个体对他人帮助行为的理解，而理解的正确与否和深浅程度由个体的移情水平决定。赵会青（2010）的研究也发现，移情与感恩之间的相关显著，个体的移情水平对感恩存在显著的预测作用。因此，网络利他行为首先可能会影响青少年的移情，使他们的移情水平随着其网络利他行为程度的提高而相应地增强，而移情水平的增强又进而提高了其感恩情绪，于是就形成了"网络利他行为→移情→感恩"这样一种作用模式。

三 移情在青少年网络利他行为对感恩影响中的调节效应

研究者指出，中介效应分析的目的是探究自变量如何影响因变量（Yuan & MacKinnon，2009），调节效应分析的目的是探究自变量何时影响因变量或何时影响较大（Muller, Judd & Yzerbyt, 2005）。在做了中介效应检验、考察了青少年网络利他行为是如何影响感恩的基础上，本章又进一步探讨青少年网络利他行为是何时影响感恩的，由此进行了移情的调节效应检验。研究结果表明，移情在青少年网络利他行为对感恩影响中不存在显著的调节效应。也就是说，青少年网络利他行为与感恩之间关系的强弱不会因为其移情水平的高低而明显地增强或减弱，两者之间关系的方向也不会因为移情的取值不同而发生变化。这也从一个侧面进一步说明了青少年网络利他行为与感恩之间关系的稳定性，青少年网络利他行为是其感恩稳定而积极的预测变量。

四 教育启示

有研究表明，青少年是感恩意识形成与发展的关键时期（Bono

& Froh, 2009)。当前,青少年的感恩教育正日益受到广大家长和教育工作者的广泛关注。同时,在当今的网络时代,如何对青少年的网络行为进行积极引导,增进青少年在网络环境中的良好行为,从而促进青少年身心的健康发展,也是广大教育工作者迫切需要解决的难题。本章对我国青少年的感恩教育实践和网络文明行为的培养具有重要的启示意义。研究发现移情是青少年网络利他行为促进其感恩情绪提高的重要内在原因,即青少年网络利他行为可通过增强移情水平而促进感恩情绪的提高。因此,学校可采取有效措施对青少年的网络行为进行引导,让青少年了解网络利他行为的意义,积极地鼓励、支持和宣传青少年在网络环境中从事更多的利他行为,同时加强青少年移情的训练,提高其移情水平,增加其体验他人情绪的能力,从而有效地促进青少年感恩的形成和发展。

第五节　结论

(1) 青少年感恩与网络利他行为、移情之间均存在显著的正相关。青少年网络利他行为程度越高、移情水平越高,其感恩水平就越高。

(2) 移情在青少年网络利他行为与感恩之间的作用中存在完全中介效应,中介效应值为 0.14。

(3) 移情在青少年网络利他行为与感恩之间的作用中不存在显著的调节效应,即移情不是调节变量,不会显著影响青少年网络利他行为与感恩之间关系的强度和方向。

第六章

网络利他行为与希望的关系：
自我效能感与自尊的中介作用

第一节 引言

根据中国互联网络信息中心（CNNIC）于 2016 年 1 月发布的第 37 次《中国互联网络发展状况统计报告》，中国网民数量已达6.88 亿，互联网普及率为 50.3%。互联网为人们的人际交往、休闲娱乐、获取信息等提供了诸多便利，是人们日常生活和学习不可或缺的一部分。随着和谐社会的不断发展，社会对"正能量"的呼声和需求不断增加，互联网作为即时的交流平台也在发挥着其积极的作用。在互联网给人们带来积极影响的过程中，网络利他行为引起了研究者的兴趣与关注（Nicolas，2008；Wright & Li，2011；郑显亮，2013）。网络利他行为是指在网络环境中表现出来的支持、指导、分享、提醒等有利于他人和社会且不期望得到任何回报的自觉自愿行为（郑显亮，2013）。例如，在网上分享一些学习资料、在论坛上解答人们的问题、在网上为受难者祈福、举报网上不良信息等。通过文献梳理发现，目前网络利他行为的研究主要集中在对其内涵（Amichai-Hamburger & Furnham，2007；Joinson，2003；丁迈、陈曦，2009）、表现形式（Kendall，2002；彭庆红、樊富珉，2005；王小璐、风笑天，2004）、结构维度（郑显亮，2010）、影响因素及机制（Nicolas，2008；Whitty & Joinson，2009；赵欢欢等，2012；郑显亮等，2012）、对受助者的影响（Cummings，Sproull & Kiesler，2002）上，而很少关注网络利他行为对助人者个体发展的意义和价值。

希望作为一种积极心理品质，近年来日益引起学者的广泛兴趣（Day，Hanson，Maltby，Proctor & Wood，2010；Snyder，2002；刘孟超、黄希庭，2013）。研究者对希望的概念进行了不同角度的阐述。Averill、Catlin 和 Chon（1990）认为，希望是一种情感体验，是个体处于逆境或遇见阻碍时能够支撑其信念的一种特定情绪。Breznitz（1986）提出，希望是一种认知倾向，是一种使个体维持自己朝某种目标进行活动的思想和信念。Snyder 等人（1991）则认为希望是经由后天学习而成的一种个人思维和行为倾向，它是一种认知特征，同时还是一种动力状态。Snyder 的观点得到了多数学者的认可。Snyder（2002）指出，希望包含路径思维（pathways thoughts）和动力思维（agency thoughts）两个重要组成部分。动力思维是个体启动和维持动机，朝向目标持续前进的决心和信念；路径思维则是达到个人所渴望目标的多种有效的方法、策略与计划。研究者发现，虽然希望具有一定程度的稳定性，但通过持续干预，个体的希望水平是可以得到提高的（田莉娟，2007）。

利他和希望都是个体的积极心理能量，都是积极心理学要探讨的重要主题。那么，个体的网络利他行为和希望之间是否会存在一定的关联呢？积极心理学强调研究人类的性格力量和美德，提倡研究积极人格特质，并指出希望是应主要研究的 24 种积极人格特质之一（Peterson & Seligma，2004）。积极心理学认为，先天的生理因素对人格的形成不可或缺，但人格的形成主要还是依赖于后天的社会生活体验。个体在积极体验条件下更容易和个体的先天气质特点发生内化而形成某种人格特质。因此，积极心理学把增进个体的积极体验作为培养个体积极人格的最主要途径（Schneider，2001）。

郑显亮（2013）指出，网络利他行为不期望得到来自外部的精神上或物质上的奖励，但不排除自身因做了好事所获得的愉悦感、心理满足感、自我价值实现等内在奖励。因此，网络利他行为能增进助人者个体的积极体验，这对建构个体的积极人格具有重要意义。Fredrickson（2001）提出了积极情绪的拓展建构理论（broaden-and-build theory of positive motions），该理论认为，积极情绪能够扩展个体的注意范围和思维活动序列，能够帮助建构个体内资源和个体间资源，包括身体资源（如身体技能、健康）、智力资源（知识、执行控制能力）、人际资源（友谊、社会网络）和心理资源（心理恢复力、乐观、创造性）等。一些实证研究也发现，积极情绪可以增强社会支持、个人目标等个人资源（Fredrickson, Cohn, Coffey, Pek & Finkel, 2008），同时也能够促进人际问题、协商与谈判问题的解决（Isen, 2002）。由此可见，个体通过网络利他行为增进了积极情绪，这能够增强个体达到预定目标的心理资源，也能促进个体预定目标问题的解决，从而引导个体完成目标，促进希望的产生。因此，笔者认为，网络利他行为可能会对个体希望的产生和发展具有一定意义。那么，网络利他行为对希望会产生什么样的影响呢？它的影响机制又是怎样的呢？这是本章拟探讨的主要问题。

网络利他行为要求个体在网络环境中运用自己的经验或技能去帮助他人，这一方面会巩固和提高个体在某一活动领域的知识技能，另一方面由于帮助了他人而获得了很多成功经验，这会增强个体从事相应活动的信心。因此，笔者认为，网络利他行为会增强个体在某一活动领域中完成任务的能力的判断，从而提高其自我效能感。而有研究结果发现，自我效能感与希望之间有显著的正相关（Davidson, Feldman & Margalit, 2012；廉串德, 2011），何露和朱翠英（2013）的研究进一步证明了一般自我效能感对希望水平有显著的预测作用。Barrows、Dunn 和 Lloyd（2013）指出，具有较高自我效能感的个体对自己的能力充满信心，他们为了成功地完成某项特定任务会去寻找增加知识和技能的机会，在这个过程中调动起必需的动机、认知资源和一系列的行动。而相信自己能实现自己期望目标的信念即为路径思维，调动起一切资源为实现目标而采取的行动即为动力思维。所以高自我效能感个体这种完成任务的动机和有效途径充分体现了个体具有较高的希望水平。从上述分析可以看出，网络利他行为与自我效能感可能存在较密切的关系，自我效能感又对希望有预测作用。因此，本章提出假设 H1：自我效能感在网络利他行为对希望的影响中可能起着中介作用。

有研究者指出，通过帮助他人，个体可以得到来自他人的社会赞许和增强自尊心（Eisenberg & Guthie，2002）。Grube 和 Piliavin（2000）的研究显示，长期从事志愿活动的人通常能够赢得自我理解，并能显著提高他们的自尊水平。王丽和王庭照（2005）的实证研究也表明青少年亲社会行为与自尊之间存在显著的正相关。还有研究更进一步发现，网络利他行为与自尊之间也存在显著的正相关关系（郑显亮等，2012）。可见，网络利他行为与自尊的关系密切。而自尊是希望的启动因子（Seligman & Csikszentmihalyi，2000）。Heaven 和 Ciarrochi（2008）的研究表明，当个体自尊水平较高时，其所追求的生活目标也较高，并能通过目标以引导个体进行希望思考，以达成预定的目标。郭传辉（2012）对大学生自尊与希望的关系进行了实证研究，结果发现自尊对希望存在显著的正向预测作用，大学生自尊水平越高，其希望水平也就越高。因此，通过对网络利他行为、自尊和希望之间关系的分析，本章提出假设 H2：自尊在网络利他行为对希望的影响中可能起着中介作用。

自我效能感与自尊是自我概念中重要的组成部分，两者都涉及个体的自我评价。从定义上看，自我效能感是对自己是否有能力完成某件事情的判断，是对特定领域的能力感；自尊则是对个体能力感和价值感的主观评价，是对自己"做人"方面的判断，是整体的相对稳定的体验。李妲、王亮和张素英（2008）对自我效能感与自尊的关系进行了研究，结果表明自我效能感与自尊显著正相关，自我效能感越高，自尊水平就越高。Brown、Hoye 和 Nicholson（2012）的实证研究进一步证明了自我效能感对个体自尊水平的形成有着预测作用。综合上述分析，笔者发现，网络利他行为与自我效能感有密切联系，自我效能感影响着自尊，而自尊对希望又存在预测作用。因此，本章提出假设 H3：自我效能感和自尊在网络利他行为与希望之间的关系中可能起着链式中介作用。所谓链式中介作用是指多个中介变量表现出顺序性特征，形成中介链，预测变量通过中介链对结果变量产生间接效应（Taylor, MacKinnon & Tein, 2008；柳士顺、凌文辁，2009）。链式中介比传统的简单中介更能揭示预测变量和结果变量之间关系的复杂机制问题，因而能更深入地探讨预测变量和结果变量之间的关系（Taylor, et al., 2008）。

中学阶段是个体塑造行为品质的关键时期。培养中学生的希望品质，提升他们的自信心，对中学生的健康成长具有重要意义。因此，本章拟以中学生为对象，系统探讨网络利他行为对希望的影响及其作用机制，以期为网络利他行为对助人者个体发展的意义与价值提供一个参考依据。根据相关理论，本章提出网络利他行为、自我效能感、自尊和希望之间关系的假设模型（见图6—1）。

第二节　研究方法

一　被试

在江西省赣州市随机抽取两所中学，在每所学校的初一、初二、初三年级各抽 1 个班级进行测试。共分发问卷 350 份，剔除无效问卷后，获得有效问卷 326 份，有效回收率为 93.14%。其中男生 160 名（占 49.08%），女生 166 名（占 50.92%）；初一学生 117

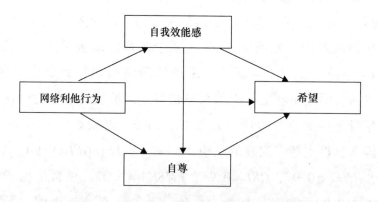

图 6—1　网络利他行为对希望的作用机制

名（占 35.89%），初二学生 112 名（占 34.36%），初三学生 97 名（占 29.75%）。平均年龄 13.53 ± 1.08 岁。

二　研究工具

（一）希望特质量表

该量表由 Snyder 等人（1991）编制。量表共 12 个项目，包括路径思维（4 个项目，如"我能想出许多途径和方法来使自己摆脱陷入的困境"）和动力思维（4 个项目，如"我总是不知疲倦地追求我的目标"）两个维度，剩余的 4 个项目主要是用来转移被试的注意，不记入总分。量表采用 4 点记分，从"1 = 绝对错误"到"4 = 绝对正确"，得分越高表示个体希望水平越高。该量表已在相关研究中运用，信效度较好（张敏、陈志霞，2013）。验证性因素分析支持了问卷的结构，$x^2/df = 2.41$，$GFI = 0.96$，$NFI = 0.90$，$NNFI = 0.90$，$CFI = 0.93$，$RMSEA = 0.07$。项目的因子载荷在 0.40—0.67 之间。该量表在本章中的 α 系数为 0.88。

（二）网络利他行为量表

该量表由郑显亮（2010）编制。量表共 26 个项目，包括网络支持（9 个项目，如"对网友给予关心和鼓励"）、网络指导（6 个项目，如"指导网友如何防毒、杀毒"）、网络分享（6 个项目，如"在论坛上讨论问题，并发表个人意见"）、网络提醒（5 个项目，如"告诉网友们一些网络陷阱"）4 个维度。量表采用 4 点记分，从"1 = 从不"到"4 = 通常"来评估网络利他行为发生的频数。得分越高表明网络利他行为的水平越高。该量表的信效度已在国内青少年身上得到良好验证（郑显亮，2013；赵欢欢等，2012）。验证性因素分析支持了问卷的结构，$x^2/df = 2.32$，$GFI = 0.90$，$NFI = 0.96$，$NNFI = 0.97$，$CFI = 0.98$，$RMSEA = 0.07$。项目的因子载荷在 0.47—0.83 之间。在本章中，该量表的 α 系数为 0.94，各维度的 α 系数在 0.79—0.89 之间。

（三）自尊量表

该量表由 Rosenberg（1965）编制。量表共 10 个项目，从"1 = 很不符合"到"4 = 非常符合"做 4 点记分，得分越高表明自尊水平越高。该量表在国内研究中得到广泛应用，信效度较好。验证性因素分析支持了问卷的结构，$x^2/df = 4.45$，$GFI = 0.90$，$NFI = 0.89$，$NNFI = 0.90$，$CFI = 0.91$，$RMSEA = 0.07$。项目的因子载荷在 0.35—0.81 之间。该量表在本章中的 α 系数为 0.89。

（四）一般自我效能感量表

该量表由 Schwarzer 等人编制，王才康、胡中锋和刘勇（2001）翻译修订。量表共 10 个项目，采用 4 点记分，从"1 = 完全不正确"到"4 = 完全正确"，得分越高表示自我效能感越高。该量表广泛应用于相关研究，有着较好的信效度。验证性因素分析支持了问卷的结构，$x^2/df = 3.50$，$GFI = 0.92$，$NFI = 0.90$，$NNFI = 0.91$，$CFI = 0.90$，$RMSEA = 0.07$。项目的因子载荷在 0.36—0.60 之间。在本章中，该量表的 α 系数为 0.86。

三　施测和数据处理

以班级为单位进行问卷施测，所需时间约 20 分钟。由经过培训的心理学研究生担任主试。在问卷施测前,主试向被试宣读指导语,向学生宣读问卷测试的匿名性、保密性原则。采用 SPSS 16.0 和 LISREL 8.80 对数据进行统计处理。

四 共同方法偏差的控制

由于本章采用问卷调查法收集数据,所有数据都是通过被试的自我报告获得,因此测量中可能存在共同方法偏差(common method bias)。一般地,共同方法偏差常用两种方法进行控制:程序控制和统计控制(Podsakoff, et al., 2003)。本章首先采用班级统一施测问卷、强调问卷的匿名性、保密性以及数据仅限于科学研究的说明等来进行程序控制。然后采用 Harman 单因子检验进行统计控制,也就是将所有变量的项目进行未旋转的主成分因素分析。结果显示共有 16 个因子的特征根值大于 1 且第一个因子解释的变异量只有 20.43%,小于 40%,表明本章共同方法偏差问题不明显。

第三节 结果与分析

一 各变量的相关分析

对网络利他行为、自我效能感、自尊和希望进行 Pearson 积差相关分析(见表 6—1),结果发现,网络利他行为与自我效能感($r = 0.27$, $p < 0.01$)、自尊($r = 0.15$, $p < 0.05$)、希望($r = 0.19$, $p < 0.01$)均存在显著的正相关;自我效能感与希望($r = 0.50$, $p < 0.01$)、自我效能感与自尊($r = 0.47$, $p < 0.01$)、自尊与希望($r = 0.45$, $p < 0.01$)之间的相关也显著。说明网络利他行为、自我效能感、自尊和希望之间的关系较密切。

表6—1 各变量的相关分析

	M	SD	网络利他行为	自我效能感	自尊	希望
网络利他行为	1.74	0.61	1.00			
自我效能感	2.30	0.48	0.27**	1.00		
自尊	2.75	0.43	0.15*	0.47**	1.00	
希望	1.74	0.31	0.19**	0.50**	0.45**	1.00

二 结构方程模型分析

(一) 项目打包

由于自我效能感量表和自尊量表所含项目数较多，为了防止多个项目造成潜变量的膨胀测量误差，本章采用平衡取向中的单因子法（single-factor method）（卞冉、车宏生、阳辉，2007）分别对自我效能感量表和自尊量表进行打包处理，即首先确定将自我效能感量表和自尊量表分别打成3个包，把负荷最高的几个项目放到各个包中作为锚定项目，然后按照反方向依次加入次高项目进行平衡，打包后的观测变量以每个包内项目的平均分代替。由于网络利他行为量表包含4个维度，希望特质量表包含2个维度，故不对其做打包处理，把这两个量表各维度的平均分作为相应变量的观测指标。

(二) 测量模型的构建与检验

根据结构方程模型的建模要求，首先进行网络利他行为、自我效能感、自尊与希望之间关系的测量模型的构建和检验。测量模型包括4个潜变量和12个观测变量。其中，潜变量Ⅰ "网络利他行为" 包括网络支持、网络指导、网络分享和网络提醒4个观测变量；潜变量Ⅱ "自我效能感" 打成了3个包，包括自我效能感1、自我效能感2和自我效能感3三个观测变量；潜变量Ⅲ "自尊" 也打成3个包，包括自尊1、自尊2和自尊3三个观测变量；潜变量Ⅳ "希望" 包括路径思维和动力思维两个观测变量。采用 LISREL 8.80 对测量模型与数据拟合程度进行检验，结果显示，$x^2 = 136.17$，$df = 48$，$x^2/df = 2.84$，$GFI = 0.93$，$NFI = 0.93$，$NNFI = $

0.94，$CFI=0.95$，$RMSEA=0.08$。所有观测变量在相应的潜变量上的标准化因子载荷在 0.45—0.89 之间，表明测量模型达到了理想的标准，所有的观测变量都有效地测量了所表征的潜变量，可进行进一步的结构模型的检验。

（三）结构模型的构建与检验

根据研究假设构建初始结构模型。初始结构模型以自我效能感、自尊和希望为内生潜变量，以网络利他行为为外源潜变量，网络利他行为对自我效能感、自尊和希望均产生影响，自我效能感、自尊均对希望产生影响，自我效能感还对自尊产生影响（见图6—2）。采用协方差结构模型的极大似然法对结构模型进行估计和检验。模型拟合结果显示（见表6—2），初始模型的各项拟合指标都较好，但发现网络利他行为对希望（GA2 1 = 0.02，$t=0.33$）、网络利他行为对自尊（GA3 1 = -0.01，$t=-0.10$）的直接路径均不显著，故对初始模型进行修改，删除这两条不显著的路径后得到修改模型（见图6—3），修改模型的各项拟合指标都很好（见表6—2），且初始模型和修改模型属嵌套模型，根据嵌套模型比较的原理，修改模型减少了两条路径，自由度就增加 2 个，Δx^2（2）= 0.68 < 5.99，$p>0.05$，卡方值没能显著增加，表明修改模型的拟合程度没有显著恶化，但更简洁，因此修改模型更为可取。从图6—3可知，自我效能感在网络利他行为对希望的影响中起着完全中介作用，效应值为 0.32 × 0.60 = 0.19；网络利他行为又通过自我效能感和自尊的链式中介作用对希望产生影响，效应值为 0.32 × 0.56 × 0.25 = 0.04；但自尊在网络利他行为对希望的影响中不存在中介作用。

表6—2　　　　　　　　模型比较拟合指数

模型	x^2	df	x^2/df	RMSEA	GFI	NFI	NNFI	CFI
初始模型	135.83	48	2.83	0.079	0.93	0.93	0.94	0.95
修改模型 （删除 GA2 1、GA3 1）	136.51	50	2.73	0.078	0.93	0.93	0.94	0.95

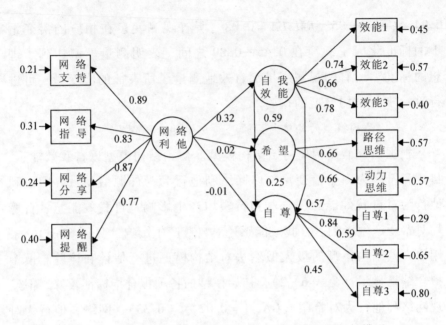

图 6—2　网络利他行为、自我效能感、自尊与希望的初始模型

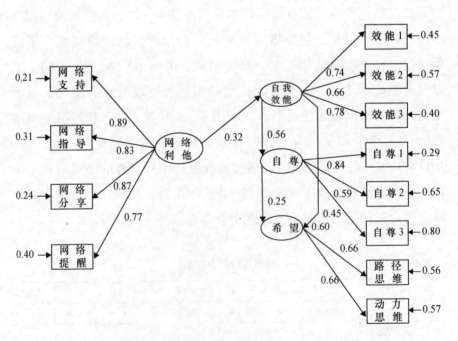

图 6—3　网络利他行为、自我效能感、自尊与希望的修改模型

（四）中介效应的显著性检验

采用 LISREL 软件中的 Bootstrap 程序（Shrout & Bolger，2002）对中介效应的显著性进行检验。首先采用重复随机抽样的方法在原始数据（N＝326）中抽取 1000 个 Bootstrap 样本，生成并保存 1000 个中介效应值，形成一个近似抽样分布，同时计算出中介效应的平均路径系数。如果这些平均路径系数在 95% 的置信区间没有包括 0，则表明中介效应显著。由表 6—3 可知，各条路径的 95% 置信区间都没有包括 0，这验证了自我效能感和自尊在网络利他行为与希望间的中介效应。

表 6—3　　　　　对中介效应显著性检验的 Bootstrap 分析

路径	标准化的间接效应估计	平均间接效应	95% 的置信区间	
			下限	上限
网络利他行为—自我效能感—希望	$0.32 \times 0.60 = 0.19$	0.18	0.08	0.28
网络利他行为—自我效能感—自尊	$0.32 \times 0.56 = 0.18$	0.16	0.07	0.25
自我效能感—自尊—希望	$0.56 \times 0.25 = 0.14$	0.13	0.05	0.21
网络利他行为—自我效能感—自尊—希望	$0.32 \times 0.56 \times 0.25 = 0.04$	0.03	0.008	0.05

第四节　讨论

一　网络利他行为与希望的关系

Snyder（2002）的希望理论指出，希望是个体为了达到所追求的目标建立的一套内在认知评估机制，它由路径思维与动力思维的交互作用促使个体实现目标。路径思维是个体相信自己能够产生有效途径来达到期望目标的信念和认知；动力思维是激励个体制定目标，并沿着所设计路径前进的动力系统。笔者发现，中学生的网络利他行为与希望之间存在显著的正相关，即中学生的网络利他行为越多，其希望水平越高。研究者指出，网络利他行为程度高的个体，在帮助他人的过程中能获得更多的成功，能体验到更多的愉悦感、心理满足感和成就感，因此，网络利他行为能有效增进个体的积极情绪体验（Wright & Li，2011；郑显亮，2013）。而增进个体的积极情绪体验是培养个体积极人格的最主要途径（Schneider，2001）。另外，根据积极情绪的拓展建构理论（Fredrickson，2001），积极情绪可以拓展个体的认知能力，增强认知灵活性，建构持久性的个人资源，包括知识资源、心理资源、社会资源等。赵欢欢等人（2012）的实证研究发现，网络利他行为与网络社会支持存在较密切的关系，网络利他行为能获得更多的社会联结和良好的社会支持。于是，中学生在网络利他行为中获得的成功经验能促使其自我能力感增强，使得动力思维特质不断地成长和扩展；同时，中学生通过网络利他行为产生的积极情绪体验和获得的社会支持也能促使中学生维持较高水平的内驱力，能够更好地确定目标并对实现目标的途径有更清晰的认识，引导他们寻找达到目标的各种可行的方法，从而提高他们的路径思维水平。所以，中学生网络利他行为越多，其希望水平就越高。

二　自我效能感在网络利他行为对希望影响中的中介作用

结构方程模型结果表明，网络利他行为对希望的直接效应不显著，它完全通过影响自我效能感间接影响希望，即自我效能感在网络利他行为和希望的关系中起着完全中介作用。这与研究假设 H1 一致。自我效能感是指人们对自身能否利用所拥有的技能去完成某项工作行为的自信程度。研究者指出，以往成败的经验对于个体自我效能感的形成影响最大，较多的成功经验可以形成较高的自我效能感（Bandura，1997）。网络利他行为程度高的中学生，运用自己的经验或技能通过帮助他人解决一些实际问题而能获得更多的成功经验，这些成功经验的不断累积，就能增强他们在某一活动领域中完成任务的能力的判断，从而提高其自我效能感。而自我效能感会促进个体对未来的积极期望，从而会影响个体在活动过程中的努力程度（Caprara，Steca，Gerbino，Pacielloi & Vecchio，2006），高自我效能感能促使人们在活动中做出更多的努力并持之以恒，直到达到活动的目标（Laura & Stephen，2002）。因此，高自我效能感者易于追逐高个人目标和目标结果（张钊，2007），并能导致高目标导向的能量和实现目标的计划。目标导向的能量即为动力思维，实现目标的计划即为路径思维，这两者交互作用为实现预定目标而产生的一种积极动机状态就是希望（Snyder，2002）。可见，网络利他行为首先可能会影响中学生的自我效能感，使他们的自我效能感随着其网络利他行为的增加而相应地提高，而自我效能感的提高又促使其希望水平提高，于是就形成了"网络利他行为→自我效能感→希望"这样一种作用模式。

三　自我效能感、自尊在网络利他行为对希望影响中的链式中介作用

（一）自我效能感在网络利他行为与自尊之间的中介作用

本章发现网络利他行为对自尊的直接效应不显著，网络利他行

为是通过影响自我效能感而对自尊产生间接影响，即自我效能感在网络利他行为与自尊的关系中起着完全中介作用。作为自我概念中的核心成分，自我效能感与自尊存在着关联，都涉及自我评价，但自我效能感是"做事"的自我评价，自尊是"做人"的自我评价（陈建文、王滔，2007）。Lightsey、Burke 和 Ervin（2006）的研究表明自我效能感和自尊具有中度相关，自我效能感可以提高自尊并能预测随后的自尊水平。黄玉纤、刘琴、杨茜和张进辅（2014）的实证研究进一步证明了一般自我效能感对自尊有正向影响，一般自我效能感高的个体对自己的评价较为正向，有更多的积极情感和价值感，从而增加其自尊体验。本章结果显示，中学生网络利他行为首先影响其自我效能感，然后自我效能感再对其自尊产生影响。也就是说，中学生在网络环境中从事利他行为可以提高其"做事"的自我评价，然后通过一个个具体的"做事"的自我评价的不断积累，再形成对其"做人"的整体的自我评价，即形成了"网络利他行为→自我效能感→自尊"的作用途径。

（二）自尊在自我效能感与希望之间的中介作用

本章还发现，自我效能感不仅对希望有直接影响，它也能通过自尊的中介作用对希望产生间接影响。有很多研究表明，自尊与希望之间的关系密切。Claudio、Midgett、Pacico、Bastianello 和 Zanon（2014）的研究发现，自尊和希望之间存在显著性的相关。赖英娟、陆伟明和董旭英（2011）的实证研究也证明了自尊对希望有显著的正向影响，即当自尊越趋正向时，则有较高的希望感。张向葵、张林和赵义泉（2004）提出了自尊的"倒金字塔"理论模型，该理论模型认为，自尊是个体对自身价值的一种积极的自我评价，是个体追求自身价值实现的一种内在动力，而这种内在的心理活动的动态系统会促使个体寻找各种实现目标的有效途径，从而提高个体的希望水平。Setliff 和 Marmurek（2002）的研究也显示，高自尊的个体拥有更多的可利用资源，能充分地调动各种策略去实现目标。根据 Snyder（2002）的希望理论，希望是个体对成功实现目标所需能力的自我认知和主观评定。高自尊者有更高的自我价值感和自我能量感，相信自己有能力找到实现目标的途径并保持努力，对追求目标所需的动力和途径有较高的自我认知与评定，因而表现出更高的希望水平。

总之，中学生的网络利他行为可以预测其自我效能感，自我效能感又影响他们的自尊水平，自尊水平的高低又与个体的希望水平密切相关。因此，不难得出，网络利他行为通过自我效能感、自尊中介链间接地对希望产生影响。

四 研究的不足与展望

本章采用结构方程模型方法对网络利他行为、自我效能感、自尊与希望之间的关系模型进行了实证探讨，验证了自我效能感、自尊在网络利他行为对希望影响中的中介作用，丰富了网络利他行为对个体发展的意义与价值的研究。但本章仍存在一些不足，需要在今后研究中加以改进。首先，取样的地域限制。本章只是选取了赣州市两所中学的学生，取样的范围较窄，这可能会对研究结果的普遍性推广产生一定的影响。其次，采用了横断研究设计。尽管建立在理论基础之上的横断研究可以提供有价值的信息，但横断研究尚不能确立因果关系，今后可采用实验研究和追踪设计来检验本章的发现。最后，本章仅关注了自我效能感、自尊在网络利他行为影响中学生希望中的作用，但是其他一些可能影响网络利他行为与希望之间关系的因素并未涉及，如社会支持、应对方式、认知归因等，这些都有待今后做更深入的研究。

第五节　结论

本章得出以下结论：

（1）中学生网络利他行为、自我效能感、自尊与希望之间存在显著的正相关。

（2）中学生网络利他行为对希望没有直接的预测作用，自我效能感在中学生网络利他行为与希望之间起完全中介作用。

（3）自尊在中学生网络利他行为与希望之间不起中介作用。

（4）自我效能感、自尊在中学生网络利他行为与希望之间起链式中介作用。

第 七 章

网络利他行为与谦虚的关系：
核心自我评价的中介作用

第一节　引言

　　谦虚是我们中华民族的传统美德。谦虚是一种对现实的无私尊重，是所有品德中最难得、最主要的美德（Murdoch，1970）。燕国材（2010）认为谦虚是一种重要的性格特征，是由道德特征转化而来的一种性格特征，与骄傲相对应。谢威士（2011）对谦虚的结构进行了系统的研究，他认为谦虚是一个多维度、多层级的心理系统，把谦虚分为谦虚认知、谦虚情绪、谦虚动机和谦虚行为四个维度。谦虚认知是谦虚行为产生的开端，谦虚情绪对谦虚行为的产生起着桥梁作用，谦虚动机是谦虚行为产生的条件，谦虚行为是谦虚心理产生的关键。我国社会是一个关注人际和谐的社会，个体运用谦虚的表达方式和行为方式不仅可以使人能够正确地评价自己、客观地对待他人，而且对维护群体关系和创建积极社会有深远的意义（王陈珺，2010）。

　　网络利他行为的社会规范理论认为，个体的行为是按照社会所赞许、提倡和肯定的规范准则进行的，人们帮助别人的行为并非是为了受益，而是在社会化的过程中对这些社会规范进行观察、学习并且内化为自己的行为模式的结果。在当今的网络时代，网络已成为大学生日常生活的一个重要组成部分。网络环境中的免费信息咨询、资源共享、经验分享、义务服务等利他行为为大学生了解与适应社会、认同与学习社会规范提供了一种新的模式（彭庆红、樊富珉，2005）。网络环境中的利他行为即网络利他行为的研究正日益引起学者的关注（Nicolas，2008；Wright & Li，2011）。郑显亮（2013）对网络利他行为进行了操作性界定，网络利他行为是指在网络环境中表现出来的支持、指导、分享、提醒等有利于他人和社会，且不期望得到任何回报的自觉自愿行为，如在网上分享一些学习资料、在论坛上解答人们的问题、在网上为受难者祈福、举报网上不良信息等。

有研究发现，参与利他活动可促进个体社交网络规模的扩大，增加见识和自信（Bekkers，2005），个体从而表现出更多积极的情绪情感（Suldo & Huebner，2006）。郑显亮（2013）指出，网络利他行为不期望得到来自外部的精神上的或物质上的奖励，但不排除自身因做了好事所获得的愉悦感、心理满足感、自我价值实现等内在奖励。因此，网络利他行为是一种受内在动机支配的行为，它能增进个体的积极情绪体验。而积极心理学家强调，培养积极的人格特质的最佳方法之一就是增强个体的积极情绪体验，个体在积极体验条件下产生的新要求主要是来自于个体自身的内部，是人对内部动机的觉知和体验，所以它更容易和个体的先天某些生理特点发生内化而形成某种人格特质（罗艳红、蔡太生、张斌，2011）。积极心理学人格理论指出，谦虚是一种积极的人格特质。因此，笔者认为，网络利他行为所产生的积极情绪体验可能有助于个体形成谦虚品质。

如果网络利他行为会影响个体的谦虚品质，那么网络利他行为影响谦虚的中间过程与机制又是怎样的呢？本章拟引入核心自我评价这一变量。Judge、Locke 和 Durham（1997）在综合了哲学、临床心理学、人格心理学和社会心理学等八个研究领域的研究结果后提出了核心自我评价（core self-evaluations，CSE）概念，并将其定义为个体对自身能力和价值所持有的最基准的评价。核心自我评价由自尊、一般自我效能感、情绪稳定性以及控制点四个因素构成，其中，自尊是个体对自身最广泛和最核心的评价。郑显亮等（2012）研究发现，网络利他行为与自尊存在显著的正相关。可见，网络利他行为与核心自我评价可能存在较密切的关系。另外，具有较高核心自我评价的人，通常认为自己有能力做好某件事情，自信水平比较高。Kammeyer-Mueller、Judge 和 Scott（2009）的研究显示，核心自我评价较高的个体认为自己更有能力控制所发生的事件，更少采用回避性的应对策略。因此，在人际交往过程中，他们会倾向于采用积极的应对方式，这就会影响到个体在与人交往过程中是否会表现谦虚。由此，笔者认为，核心自我评价和谦虚关系密切，核心自我评价会影响到个体谦虚的表达。基于上述对网络利他行为、谦虚、核心自我评价三者之间关系的分析，笔者提出研究假设：核心自我评价在网络利他行为对谦虚的影响中可能起着中介作用（见图7—1）。

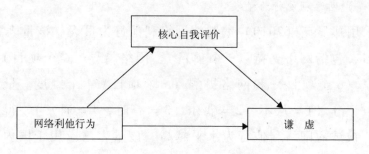

图7—1　网络利他行为对谦虚的影响机制

综上所述，本章拟从个体的内部因素和外部因素这两个层面来共同探讨谦虚的影响机制。从这个角度看，网络利他行为是影响谦虚的外部因素，而核心自我评价作为个体对自身的能力、竞争力和价值所持有的最基本的评价，是影响谦虚的内部因素。本章拟选取本科院校大学生为研究对象，采用问卷法考察大学生网络利他行为与谦虚的关系，以及核心自我评价在其中的中介作用，以便深入探讨网络利他行为影响谦虚的作用机制，为培养大学生的谦虚品质以及促进大学生的网络利他行为提供实证性依据和支持。

第二节　研究方法

一　被试

采用整班抽样、自愿参加的方式，在江西省某本科院校共抽取400 名学生，剔除无效问卷后，获得有效问卷 372 份，有效回收率为 93%。其中男生 163 名，占 43.82%，女生 209 名，占 56.18%；文科学生 202 名，占 54.30%，理科学生 170 名，占 45.70%。平均年龄 20.72 ± 1.79 岁。

二　研究工具

（一）网络利他行为量表

采用郑显亮（2010）编制的网络利他行为量表。该量表共 26 个项目，包括网络支持（9 个项目）、网络指导（6 个项目）、网络分享（6 个项目）和网络提醒（5 个项目）4 个维度。量表采用 4 点记分（1 = 从不，2 = 偶尔，3 = 有时，4 = 通常），得分越高表明被试的网络利他行为水平越高。该量表已应用于国内多个研究中（郑显亮，2013；赵欢欢等，2012），信效度较好。在本章中，该量表的 α 系数为 0.94，各维度的 α 系数在 0.78—0.89 之间。

（二）谦虚问卷

采用谢威士（2011）编制的大学生谦虚问卷。该问卷共 20 个项目，包括谦虚认知（5 个项目）、谦虚情绪（5 个项目）、谦虚动机（5 个项目）和谦虚行为（5 个项目）4 个维度。问卷采用 5 点记分（1 = 一点也不同意，2 = 基本不同意，3 = 不确定，4 = 基本同意，5 = 非常同意），得分越高表明被试的谦虚程度越高。该问卷在本章中的 α 系数为 0.83，各维度的 α 系数在 0.67—0.79 之间。

（三）核心自我评价量表

采用杜建政、张翔和赵燕（2012）修订的核心自我评价量表。该量表共 10 个项目，单维结构。量表采用 5 点记分（1 = 完全不符合，2 = 不符合，3 = 不能确定，4 = 符合，5 = 完全符合），得分越高表明被试的核心自我评价的水平越高。该量表在本章中的 α 系数为 0.85。

三　共同方法偏差的控制

本章所有问卷都采用自我报告的形式，因此有可能存在共同方法偏差。本章首先采用班级统一施测的方法、强调问卷的匿名性、保密性以及数据仅限于科学研究的说明等进行程序控制。然后采用 Harman 单因子检验进行统计控制。研究者指出，将所有变量的项目进行未旋转的主成分因素分析，若得到了多个因子，且第一个因子解释的变异量没有超过 40%，则表明共同方法变异问题并不严重（Ashford & Tsui，1991）。本章的主成分因素分析结果表明，共有 4 个因子的特征根值大于 1，且第一个因子解释的变异量为 21.77%，小于 40% 的临界值，表明本章共同方法偏差问题不严重。

四　统计分析

本章采用 SPSS 16.0 和 LISREL 8.80 对数据进行统计分析。

第三节   结果与分析

一 大学生谦虚的特点

对谦虚认知、谦虚情绪、谦虚动机、谦虚行为和谦虚总分进行单样本 t 检验，将其均值与理论中值（均为 3.00）进行比较。结果发现，除了谦虚动机的均值与理论中值的差异不显著外，谦虚认知（$t = 31.66$，$p < 0.001$）、谦虚情绪（$t = 20.60$，$p < 0.001$）、谦虚行为（$t = 17.29$，$p < 0.001$）和谦虚总分（$t = 22.77$，$p < 0.001$）的均值都显著高于其理论中值。另外，从谦虚各维度的得分来看（见表 7—1），谦虚认知的平均分最高，然后依次是谦虚情绪、谦虚行为和谦虚动机。不同性别、专业的大学生谦虚的平均数和标准差见表 7—1。以谦虚总分为因变量，以性别和专业为自变量，进行 2（性别）×2（专业）的多元方差分析。结果表明，性别与专业的主效应及其交互作用均不显著。

表 7—1   不同性别、专业大学生谦虚的平均数和标准差（M ± SD）

		N	谦虚认知	谦虚情绪	谦虚动机	谦虚行为	谦虚总分
	总数	372	4.20 ± 0.61	3.79 ± 0.62	2.93 ± 0.81	3.69 ± 0.65	3.65 ± 0.46
性别	男生	163	4.22 ± 0.61	3.78 ± 0.61	2.93 ± 0.79	3.73 ± 0.61	3.66 ± 0.44
	女生	209	4.15 ± 0.65	3.82 ± 0.67	2.94 ± 0.89	3.56 ± 0.77	3.62 ± 0.53
专业	文科	202	4.25 ± 0.59	3.82 ± 0.63	2.91 ± 0.76	3.71 ± 0.65	3.68 ± 0.44
	理科	170	4.14 ± 0.63	3.79 ± 0.62	2.96 ± 0.87	3.68 ± 0.64	3.62 ± 0.49

二 网络利他行为、核心自我评价与谦虚的相关分析

各变量的相关分析结果见表 7—2。由表 7—2 可知，网络利他行为与谦虚情绪存在显著的正相关（$r = 0.14$，$p < 0.05$），与谦虚动机存在显著的负相关（$r = -0.14$，$p < 0.05$），但与谦虚认知、

谦虚行为和谦虚总分的相关不显著;网络利他行为与核心自我评价的正相关显著 ($r = 0.17$, $p < 0.05$);核心自我评价与谦虚情绪存在显著的正相关 ($r = 0.15$, $p < 0.05$),与谦虚动机 ($r = -0.31$, $p < 0.01$)、谦虚行为 ($r = -0.22$, $p < 0.01$) 和谦虚总分 ($r = -0.15$, $p < 0.05$) 均存在显著的负相关。

表 7—2 各变量的相关分析

	1	2	3	4	5	6	7	8	9	10	11
1. 网络支持	1										
2. 网络指导	0.61**	1									
3. 网络分享	0.60**	0.69**	1								
4. 网络提醒	0.68**	0.68**	0.58**	1							
5. 网络利他总分	0.88**	0.86**	0.82**	0.84**	1						
6. 谦虚认知	0.02	0.10	0.02	-0.03	0.03	1					
7. 谦虚情绪	0.09	0.17*	0.13*	0.09	0.14*	0.49**	1				
8. 谦虚动机	-0.18*	-0.13*	-0.09	-0.07	-0.14*	0.13*	0.18*	1			
9. 谦虚行为	-0.03	-0.10	-0.06	-0.05	-0.07	0.26*	0.31**	0.45**	1		
10. 谦虚总分	-0.05	-0.01	-0.01	-0.03	-0.03	0.64**	0.68**	0.70**	0.73**	1	
11. 核心自我评价	0.10	0.20*	0.20*	0.06	0.17*	0.06	0.15*	-0.31**	-0.22**	-0.15*	1

三 网络利他行为、核心自我评价与谦虚的关系

在相关分析的基础上,为了更加整合、深入地反映各个变量之间的关系,本章采用结构方程模型对网络利他行为、核心自我评价与谦虚的关系进行考察。由于网络利他行为只与谦虚情绪、谦虚动机的相关显著,所以本章只探讨网络利他行为对谦虚情绪和谦虚动机的影响。因此在模型构建时,以网络利他行为为外源潜变量,以谦虚情绪、谦虚动机、核心自我评价为内生潜变量,外源潜变量对内生潜变量均产生影响,核心自我评价对谦虚情绪、谦虚动机均产生影响(见图7—2)。由于核心自我评价量表的项目数较多,本章采用随机法对其进行打包处理,将核心自我评价量表打成3个包。

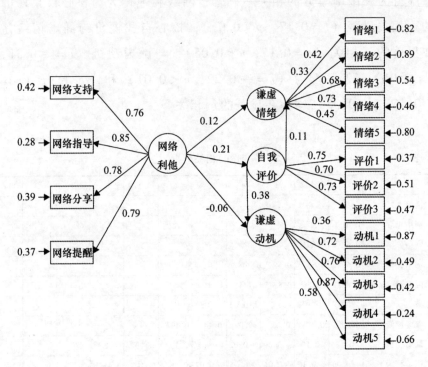

图 7—2 网络利他行为、核心自我评价与谦虚关系的初始模型

用极大似然法对构建的初始模型进行估计，模型评估结果见表 7—3。由表 7—3 可知，初始模型的各项拟合指数均符合标准，模型拟合良好。但考察模型的参数估计值发现，网络利他行为对谦虚情绪（GA1 1 = 0.12，$t = 1.41$）和谦虚动机（GA3 1 = -0.06，$t = -0.86$）的直接路径都不显著，核心自我评价对谦虚情绪的直接路径也不显著（BE1 2 = 0.11，$t = 1.28$）。故对初始模型进行修改，删除这三条不显著的路径后得到修改模型（见图 7—3）。修改模型的各项拟合指数都很好（见表 7—3）。进一步考察模型的参数估计值，发现所有路径系数均在 0.01 水平上达到显著。

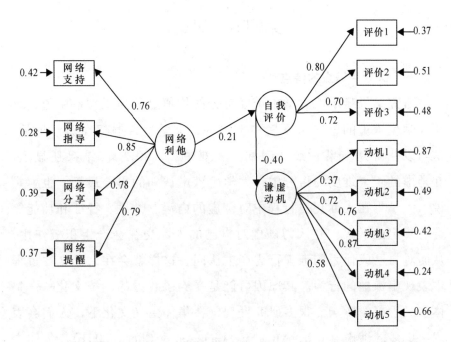

图 7—3　网络利他行为、核心自我评价与谦虚关系的修改模型

表 7—3　　　　　　　　　　　　　两模型的拟合指数

模型	x^2	df	x^2/df	RMSEA	GFI	NNFI	NFI	CFI
初始模型	175.23	114	1.54	0.05	0.93	0.96	0.91	0.97
修改模型	81.18	52	1.56	0.05	0.95	0.98	0.95	0.98

从图 7—3 可知，网络利他行为对谦虚动机不存在直接影响，网络利他行为对核心自我评价的正向影响显著，路径系数为 0.21 （$t=2.87$，$p<0.05$）；核心自我评价对谦虚动机的负向预测作用显著，路径系数为 -0.40 （$t=-3.97$，$p<0.05$），表明核心自我评价在网络利他行为和谦虚动机关系中起着完全中介作用，效应值为 $0.21 \times (-0.40) = -0.08$。

第四节　讨论

一　大学生谦虚的特点

研究结果显示，大学生谦虚总分的均值显著高于理论中值，表明大学生谦虚的整体水平属中上水平，大学生普遍存在谦虚现象。这与以往研究结果一致（谢威士、刘中和，2011）。结果还显示，在谦虚的 4 个维度的得分中，大学生谦虚认知的得分最高。也就是说，大学生在人际交往过程中对谦虚的内涵、性质、特征和功能等会有一定的了解，并认为谦虚对自己的人际交往会产生积极作用，从而对自己或他人的谦虚行为产生认同，这样就会在人际交往过程中表现出谦虚的行为。其原因可能是受到了我国的传统文化——集体主义思想的影响。很多研究发现，在集体主义文化下，人们会表现出更多的谦虚（Lee，Xu，Fu，Cameron & Chen，2001）。集体主义的价值观要求人们采取谦虚的自我呈现策略，使人们在社会情境中表现出合适的行为（Oyserman，Coon & Kemmelmeier，2002）。在集体主义文化的影响下，当代大学生对谦虚有着较高的认同和积极的态度，从而在人际交往过程中表现出谦虚的言行，这样可以避免与他人发生冲突，同时维持和谐的关系（Bond，Leung & Wan，1982）。

二　网络利他行为与谦虚的相关

谦虚情绪是指人们表现谦虚时内心的一种情绪体验，包括对谦虚的积极体验和消极体验，如在谦虚情境下是否感到愉快、喜欢、厌恶等（谢威士，2011）。研究结果表明，大学生网络利他行为与谦虚情绪存在显著的正相关，即大学生网络利他行为越多，其谦虚情绪的得分就越高。也就是说，大学生网络利他行为越多，他们在人际交往过程中对自己或他人出现谦虚行为时就会产生更多的积极的谦虚体验,会表现出更多的愉快或喜欢。有研究发现,网络利他行为与网络社会支持存在较密切的关系,网络利他行为能使个体获得更多的社会联结和良好的社会支持(赵欢欢等,2012)。社会支持是一种双向的社会互动,拥有良好社会支持的个体会有更好的人际关系。而在中国人的价值观念中,谦虚和礼让是促进人际和谐的方式。那么个体为了维持和谐的人际关系,在人际交往中会对谦虚行为产生认同,进而在表现谦虚时会出现愉快或喜欢的情绪体验。因此,网络利他行为越多,个体在表现谦虚时就会产生更多的积极情绪体验。

研究还发现大学生网络利他行为与谦虚动机存在显著的负相关,即大学生网络利他行为越多,他们的谦虚动机就越低,在人际交往过程中他们就越不愿意积极主动地表现出谦虚。谦虚动机是指人们在实际人际交往过程中是否愿意积极、主动地表现谦虚,包括对谦虚的趋向性和回避性。网络利他行为可以提供一种自我认识、自我定位的新参照系,区别于现实生活中的自我认识与发展模式,网络利他行为的助人者可以从新的角度感知自己的形象与价值(彭庆红、樊富珉,2005)。网络利他行为程度高的大学生,他们会运用自己的经验或技能通过帮助他人解决一些实际问题而能获得更多的成功经验,这些成功经验的不断累积,就能增强他们在某一活动领域中完成任务的能力的判断,从而提高其自我效能感。这种自我增强的方式可能会和表达谦虚发生矛盾。有研究表明,当谦虚这个社会规范在文化中凸显时,个体在选择自我增强的实现途径时就会违背谦虚的要求,从而不愿积极主动表达谦虚来限制个体表达自我增强(王陈珺,2010)。因此,网络利他行为越多,谦虚动机就越低。

三　核心自我评价与谦虚的相关

研究发现,大学生核心自我评价与谦虚情绪存在显著的正相关，即大学生核心自我评价越高，个体在表现谦虚的过程中会体验到更多的积极情感。王眉眉和王丽（2013）对大学生核心自我评价与应对方式、社会适应的关系进行了探讨，结果发现，大学生核心自我评价与积极应对、社会适应均存在显著的正相关，即大学生核心自我评价越高，则越倾向于采用积极的应对方式，其社会适应越好。可见，高核心自我评价的个体能够很好地适应社会，并在人际交往过程中采用积极的应对方式。有研究者指出，适度的谦虚是一种重要的社会适应策略，它能有效地维持个人与关系中的对方、个别权威以及非特定他人的和谐关系，最终促进人们的自我实现（胡金生、黄希庭，2009）。因此，高核心自我评价的大学生在人际交往的过程中会采用谦虚这种重要的社会适应策略，对谦虚表现出认同，最终因为人际关系的和谐和自我的实现对谦虚行为产生一定的积极的情绪体验。

研究还发现大学生核心自我评价与谦虚动机、谦虚行为存在显著的负相关，即大学生核心自我评价越高，个体在人际交往过程中越不愿意主动地表现谦虚，谦虚的言行越少。核心自我评价是人们对自己的价值、能力、才干的基本估计。核心自我评价越高的个体，会认为自己"有能力、重要、成功和有价值"（Judge，Locke，Durham & Kluger，1998）。因此，高核心自我评价的人的特点是自信、自我价值感、认为自己有能力、在不同的情境下总是对自己抱有积极的评价。研究发现，核心自我评价水平较高的个体认为自己更有能力控制所发生的事件，更少采用回避性的应对策略（Kammeyer-Mueller，Judge & Scott，2009）。还有研究者指出，如果一个人持有过高的核心自我评价，会过分估计自己的能力，造成盲目乐观（Judge，2009）。因此，大学生的核心自我评价越高，他们在与人交往的过程中越会采用积极的应对方式，越容易对谦虚产生回避行为倾向，即不愿意积极主动地表现谦虚以及做出更少的谦虚行为。

四 核心自我评价在网络利他行为与谦虚关系间的中介作用

本章运用结构方程模型对网络利他行为、核心自我评价与谦虚的关系进行了探讨,结果发现,网络利他行为对谦虚动机不存在直接影响,网络利他行为对核心自我评价的正向影响显著,核心自我评价对谦虚动机的负向预测作用显著,表明核心自我评价在网络利他行为和谦虚动机关系中起着完全中介作用。也就是说,网络利他行为完全借助于核心自我评价这一中介对谦虚动机产生影响。网络利他行为越多的个体,在网络环境中积累的成功经验就越多,并且他们还能获得网民的感谢、称赞、鼓励等积极反馈,因此,他们对自己就越有信心,自我效能感也越高。有实证研究显示,网络利他行为与自尊呈显著正相关(郑显亮等,2012)。因此,网络利他行为越多,核心自我评价就会越高。而核心自我评价高的个体在人际交往过程中会较多地采用积极应对策略,不愿意主动表现谦虚,谦虚动机较低。另外,研究结果显示,网络利他行为借助核心自我评价对谦虚动机产生影响的效应值为−0.08,说明在网络利他行为与谦虚之间起中介作用的变量还可能涉及其他方面,比如移情、应对方式等,而且这些中介变量之间可能还存在着相互影响,这些都有待于未来进行更深入的研究。

第五节 结论

(1)大学生谦虚的整体水平属中上水平,大学生普遍存在谦虚现象。

(2)大学生网络利他行为与谦虚情绪存在显著的正相关,即大学生网络利他行为越多,他们在表现谦虚行为时会产生更多的积极的谦虚体验;大学生网络利他行为与谦虚动机存在显著的负相关,即大学生网络利他行为越多,他们在人际交往过程中越不愿意积极主动地表现谦虚。

（3）网络利他行为对谦虚动机不存在直接影响，网络利他行为对核心自我评价的正向影响显著，核心自我评价对谦虚动机的负向预测作用显著，即核心自我评价在大学生网络利他行为和谦虚动机之间起着完全中介作用。

第 八 章

网络利他行为对主观幸福感的影响：
有调节的中介效应

第一节 引言

幸福是个古老而永恒的话题。从文明产生之初，人类就一直在探寻幸福的真谛。一般来讲，个体对发生在自己身上的事情会表现出一些情绪反应，对自己的生活质量也会给予一定的评价。个体根据自己制定的标准对其生活质量进行整体性的评价，即为主观幸福感（Diener，1984）。主观幸福感有两个基本成分：情感体验和生活满意度。情感体验包括个体在日常生活中表现出来的积极情感（如轻松、愉快等）和消极情感（如紧张、焦虑、抑郁等）；生活满意度则是个体对自己生活质量的一种主观评价（丁新华、王极盛，2004）。开展主观幸福感的研究，对改善和提高人们的生活质量具有重要的现实意义。因此，主观幸福感成了当前心理学研究的热点之一（Binder，2014；Bradshaw，Martorano，Natali & Neubourg，2013；Diener & Ryan，2009）。通过文献梳理发现，学者们对主观幸福感的产生机制进行了众多研究，但目前的研究多侧重于单一因素与主观幸福感的关系探讨，缺乏对各种影响因素的系统的整合研究。因此，有必要对影响主观幸福感的内部因素与外部因素进行综合考虑，形成一个多维度的整合模式来探讨主观幸福感的产生机制。

第 37 次《中国互联网络发展状况统计报告》的统计数据显示，截至 2015 年 12 月，中国网民数量已达 6.88 亿，其中青少年（10—19 岁）占比为 21.4%。互联网已成为青少年日常学习和生活不可或缺的一部分，它为青少年的人际交往、休闲娱乐、获取信息等提供了诸多便利。在有关青少年互联网使用行为的研究中，网络利他行为正日益引起研究者的关注（Wright & Li，2011；郑显亮，2013）。网络利他行为是指在网络环境中表现出来的支持、指导、分享、提醒等有利于他人和社会，且不期望得到任何回报的自觉自愿行为（郑显亮，2013）。例如，在网上分享一些有用的资料、看了他人的帖子后给予积极回复、在网上为受难者祈福，等等。学界对利他行为与主观幸福感的关系进行了诸多探讨。有研究发现，利他行为与个体的幸福感关系密切（Krueger，Hicks & McGue，2001）。Stephen（2005）进一步指出，利他行为之所以会影响主观幸福感，是因为利他行为使得个体产生了更为积极的社会交往与融合，加强了与幸福感有关的生命意义感。而网络利他行为和现实利他行为在本质上是一致的，都是有利于他人的自觉自愿的助人行为（郑显亮，2013）。因此，笔者认为，青少年的网络利他行为与其主观幸福感也存在密切的关系。

网络在影响青少年日常生活方方面面的同时，也正逐渐成为青少年获取社会支持的一条重要途径（胡阳、范翠英、张凤娟、谢笑春、郝恩河，2014）。可以说，网络社会支持扩展了青少年的社会支持网络。有研究发现，利他行为可以扩大个体的社交网络、丰富社会资源并提高社交技能（Clark，2003）。Robert、Kimberly 和 Dietz（2007）的研究也证实了利他行为可以为社会联结中的个体提供社会支持。而网络利他行为和现实利他行为在本质上并无差别（郑显亮，2013），网络社会支持已成为现实社会支持的重要补充（Finfgeld，2000；梁晓燕，2008）。因此，笔者认为，个体的网络利他行为同样有助于个体在互联网环境中获得诸多支持。郑显亮（2013）的研究也证实了网络利他行为与网络社会支持呈显著正相关，个体的网络利他行为程度越高，他们获得的网络社会支持就越多。

相关研究表明，社会支持是主观幸福感的一个重要预测变量（Chu，Saucier & Hafner，2010；Nahum-Shani，Bamberger & Bacharach，2011；宋佳萌、范会勇，2013），这是因为社会支持在应激条件下可以阻止和缓解应激反应，安定神经内分泌系统，从而增加个体积极情感并抑制消极情绪，对幸福感具有普遍的增益作用。同现实社会支持一样，良好的网络社会支持也有助于个体预防许多身心方面的风险，它可以使个体在面临压力或生活上的不确定时仍保有韧性，并提高个体的积极情绪（Cindy，2010）。因此我们有理由相信，网络社会支持对提高青少年的幸福感来说也是非常重要的。综合上述对网络利他行为、网络社会支持和主观幸福感之间关系的探讨，本章提出假设 H1：网络社会支持在网络利他行为对青少年主观幸福感的影响中可能起着中介作用。

众多研究表明，个体的主观幸福感受多种因素的影响。主观幸福感的交互作用模型指出，人格与环境交互作用影响主观幸福感（Diener，Suh，Lucas & Smith，1999）。已有研究发现，作为人格的一个基本特质的责任感与主观幸福感存在密切联系，高责任感的个体生活有条理、勤奋而有抱负，能够体验到更多积极的情感，对生活更为满意，主观幸福感也更高（杨慧芳、郭永玉，2008）。Bogg和 Roberts（2004）的研究也显示，高责任感个体在行为上具有组织性、做事有条理，能够发展一定的策略来解决他们在人际关系中遇到的问题，能有效抵御环境压力所带来的不良影响。因此，当个体的社会支持较少时，高责任感个体能够执行一系列的策略来缓冲这种不良社会关系，确保其在不利条件下进行自我调节，使其幸福感不会降低（Diener，Biswas-Diener，2008）。由此可见，责任感可能会在一定程度上抵消低网络社会支持给个体带来的消极影响，从而调节网络社会支持与主观幸福感之间的关系。基于上述分析，本章提出假设 H2：责任感在网络社会支持与主观幸福感关系之间可能起着调节作用。

综上所述，为探讨网络利他行为对青少年主观幸福感的影响及其内在作用机制，本章提出一个有调节的中介模型（见图 8—1）。与单一的中介作用或调节作用相比，该模型能够更系统地考察中介变量和调节变量的综合作用过程。本章的主要目的如下：（1）探讨网络利他行为与主观幸福感之间的关系；（2）考察网络社会支持对网络利他行为与主观幸福感的关系是否具有中介效应；（3）考察责任感对该中介作用是否具有调节效应。

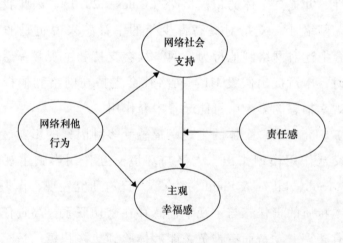

图 8—1　网络利他行为对主观幸福感的影响模型

第二节　研究方法

一　被试

本章采用网络测验法收集数据，数据通过一个专业数据收集网站完成。为了解除被试的顾虑，在测验的指导语中交代清楚测验为匿名，强调测验的保密性以及数据仅供科学研究用。个人信息要求提供性别、年龄、所在地区、每周上网时间等。测验面向全体网民，采集的时间为 2014 年 9 月 16 日至 12 月 30 日。共收集到数据 2673 份，其中 10—19 岁的青少年 896 人。由于研究只关注青少年群体，因此将 896 名青少年数据进行预处理。将网络利他行为、责任感、网络社会支持和主观幸福感得分在 3 个标准差之外的被试视为极端值，予以剔除。这样剔除了 9 名被试，剩余 887 名被试。在这 887 名有效样本中，男性 376 人，占比 42.39%，女性 511 人，占比 57.61%；10—12 岁 59 人，占比 6.65%；13—15 岁 326 人，占比 36.75%；16—19 岁 502 人，占比 56.60%。平均年龄 16.82 ± 3.01 岁；平均每周上网时间 21.02 ± 5.37 小时。

二 研究工具

（一）网络利他行为量表

采用郑显亮（2010）编制的网络利他行为量表。该量表共 26 个项目，包括 4 个维度：网络支持（9 个项目）、网络指导（6 个项目）、网络分享（6 个项目）和网络提醒（5 个项目）。网络支持是指在网络环境中对他人的肯定、鼓励、支援等支持行为，如"倾听网友诉说自己的不快并对其开导"；网络指导是指在网络环境中对他人帮助的指导行为，如"指导网友如何更好地使用网络"；网络分享是指在网络环境中把自己拥有的资源给予他人的分享行为，如"在论坛上讨论问题并发表个人意见"；网络提醒是指在网络环境中对他人的一些提醒行为，如"在网上曝光一些不法事件以提醒他人注意"。量表采用 4 点记分，从"从不"到"通常"，分别记 1—4 分。得分越高表示网络利他行为的程度越高。验证性因素分析结果如下：$x^2/df = 2.16$，$NFI = 0.96$，$NNFI = 0.97$，$CFI = 0.98$，$GFI = 0.94$，$RMSEA = 0.062$，项目的因子载荷在 0.46—0.85 之间，表明该量表具有较好的结构效度。在本章中，总量表的内部一致性 α 系数为 0.90，各维度的内部一致性 α 系数在 0.75—0.86 之间。

(二) 网络社会支持问卷

采用梁晓燕 (2008) 编制的网络社会支持问卷。该问卷共 23 个项目，包括 4 个维度：信息支持 (5 个项目)、友伴支持 (8 个项目)、情感支持 (6 个项目)、工具性支持 (4 个项目)。信息支持是指在网络人际交往过程中获得了自己所需要的信息，如"通过网络交往能从他人那里获得新的生活信息"；友伴支持体现的是个体对于朋友的需求，如"在网络中能找到朋友交流共同的兴趣爱好"；情感支持反映了个体对于网友回应与认同自己的感知，如"在网络 (贴吧、论坛) 中，很多人对我的言论表示赞同"；工具性支持是指在网络环境中所获得的物质方面的帮助，如"我能通过网络与人进行物品交换"。问卷采用 5 点记分，从"完全不符合"到"完全符合"，分别记 1—5 分。得分越高表示获得的网络社会支持越多。验证性因素分析结果如下：$x^2/df = 3.57$，$NFI = 0.93$，$NNFI = 0.93$，$CFI = 0.92$，$GFI = 0.90$，$RMSEA = 0.072$，项目的因子载荷在 0.41—0.80 之间，表明该问卷具有较好的结构效度。在本章中，该问卷的内部一致性 α 系数为 0.87，各维度的内部一致性 α 系数在 0.72—0.86 之间。

(三) 责任感问卷

采用 Oliver 编制的经黄希庭等人 (2003) 翻译并修订的大五人格量表中的责任感维度。责任感维度由 9 个项目组成，采用 5 点记分。正向题目从"完全不符合"到"完全符合"，分别记 1—5 分，反向题目从"完全不符合"到"完全符合"，分别记 5—1 分。得分越高表示责任感越高。验证性因素分析结果如下：$x^2/df = 3.78$，$NFI = 0.92$，$NNFI = 0.93$，$CFI = 0.93$，$GFI = 0.92$，$RMSEA = 0.069$，项目的因子载荷在 0.40—0.76 之间，表明该问卷具有较好的结构效度。在本章中该问卷的内部一致性 α 系数为 0.76。

(四) 主观幸福感指数量表

采用 Campbell 等人 (1976) 编制的主观幸福感指数量表。该量表包括总体情感指数量表（8 个项目）和生活满意度问卷（1 个项目）两个部分。量表采用 7 点记分，计算总分时将总体情感指数的平均分与生活满意度的得分（权重为 1.1）相加，得分越高表示主观幸福感越高。验证性因素分析结果如下：$x^2/df = 3.86$，$NFI = 0.91$，$NNFI = 0.91$，$CFI = 0.91$，$GFI = 0.90$，$RMSEA = 0.076$，项目的因子载荷在 0.42—0.79 之间，表明该量表具有较好的结构效度。在本章中，该量表的内部一致性 α 系数为 0.82。

三 统计分析

本章采用 SPSS 16.0 和 LISREL 8.80 进行统计分析。首先对各变量进行相关分析，然后采用结构方程模型技术考察网络利他行为对青少年主观幸福感的影响以及网络社会支持的中介作用，最后运用"总效应调节模型"（total effect moderation model）方法对责任感的调节效应进行检验。

第三节 结果与分析

一 共同方法偏差检验

本章在问卷调查时共使用了 4 个自陈问卷，要求同一被试在同一时间作答所有问卷，因此有可能存在共同方法偏差。为了控制共同方法偏差，本章采用了程序控制和统计控制两种方法。首先在问卷作答时采用匿名形式，在指导语中强调问卷保密性以及数据仅限于科学研究等说明来进行程序控制。统计控制采用的是控制非可测潜在方法因子的技术，也就是说，在结构方程模型中增加共同方法因子潜变量，让所有观测变量在共同方法因子潜变量上都有载荷，再对控制前后的两模型的拟合程度进行比较。如果有共同方法因子模型的各项拟合指数显著优于无共同方法因子模型，则表明各变量之间存在严重的共同方法偏差。由表 8—1 可知，有共同方法因子模型的各项拟合指数均不如无共同方法因子模型，因此可以认为研究中不存在显著的共同方法偏差。

表8—1　　　　　　　　共同方法偏差检验

模型	x^2	df	x^2/df	NFI	NNFI	CFI	GFI	RMSEA
无共同方法因子模型	128.11	59	2.17	0.91	0.93	0.95	0.94	0.064
有共同方法因子模型	133.01	42	3.17	0.83	0.85	0.86	0.83	0.086

二　各变量的相关分析

对网络利他行为、网络社会支持、责任感和主观幸福感进行相关分析（见表8—2）。由表8—2可知，网络利他行为、网络社会支持和主观幸福感之间均存在显著的正相关，表明网络利他行为越多，网络社会支持就越高，主观幸福感也越强。另外，责任感和网络利他行为、网络社会支持、主观幸福感之间的相关也显著。

表8—2　　　　　　　　各变量的相关分析

	M	SD	网络利他行为	网络社会支持	责任感	主观幸福感
网络利他行为	2.18	0.45	1.00			
网络社会支持	3.15	0.53	0.46**	1.00		
责任感	3.23	0.47	0.38**	0.25*	1.00	
主观幸福感	10.35	2.01	0.37**	0.20*	0.40**	1.00

三　网络社会支持的中介效应检验

本章采用结构方程模型技术对责任感的中介效应进行检验。根据相关理论，笔者构建了两个模型：中介效应模型（M1）和无中介效应模型（M2）。在中介效应模型中，网络利他行为对主观幸福感的影响路径要经过网络社会支持，而在无中介效应模型中，网络利他行为对主观幸福感的影响路径不需要经过网络社会支持。即中介效应模型比无中介效应模型多了一条路径:网络社会支持对主观幸福感的影响。根据这两个竞争模型的拟合指数的比较,来确定哪一模型与实际数据拟合更好。两模型的拟合指数见表8—3。根据嵌套模型的比较原理,M2 比 M1 多了 1 个路径,即 $\Delta df = 1$,但 $\Delta x^2 = 5.92 > 3.84$,$p < 0.05$,卡方值增加显著,表明 M2 的拟合程度发生了显著性恶化,故 M1 优于 M2,即网络社会支持在网络利他行为与主观幸福感的关系中起着中介作用。

表 8—3 两竞争模型的拟合指数比较

模型	x^2	df	x^2/df	RMSEA	GFI	NNFI	NFI	CFI
中介效应模型(M1)	86.87	32	2.71	0.077	0.94	0.93	0.92	0.95
无中介效应模型(M2)	92.79	33	2.81	0.079	0.94	0.93	0.92	0.95

在中介效应模型中,网络利他行为与主观幸福感($\gamma = 0.23$,$p < 0.05$)、网络社会支持与主观幸福感($\gamma = 0.19$,$p < 0.05$)之间的路径系数都显著。另外,网络利他行为对网络社会支持也产生了显著的正向影响($\gamma = 0.48$,$p < 0.01$)。这表明,网络社会支持在网络利他行为与主观幸福感之间起着显著的部分中介作用,其中介效应值为 $0.48 \times 0.19 = 0.09$,中介效应值占总效应值的比例为 $0.09 \div (0.09 + 0.23) = 28.13\%$。

四 责任感的调节效应检验

本章采用 Edwards 和 Lambert(2007)提出的"总效应调节模型"方法对责任感的调节效应进行检验。总效应调节模型将中介效应和调节效应纳入同一个分析框架中加以整合,克服了以往研究中将中介效应和调节效应分开的弊端。由于网络社会支持在网络利他行为与主观幸福感之间起着部分中介作用,所以在总效应调节过程中,网络利他行为→网络社会支持、网络社会支持→主观幸福感、网络利他行为→主观幸福感这三条路径都有可能受到责任感这个调节变量的影响。因此，采用总效应调节模型可以将直接效应（网络利他行为→主观幸福感）和间接效应（网络利他行为→网络社会支持→主观幸福感）结合起来进行分析，从而可以更完整地考察责任感对整个中介模型的调节效应。根据 Edwards 和 Lambert（2007）所提出的分析程序，本章首先建立以下两个回归方程：

$$OSS = a_{05} + a_{x5}IAB + a_{z5}RE + a_{xz5}（IAB \times RE）+ e_{m5} \quad（8—1）$$

$$SW = b_{020} + b_{x20}IAB + b_{m20}OSS + b_{z20}RE + b_{xz20}（IAB \times RE）+$$
$$b_{mz20}（OSS \times RE）+ e_{y20} \quad\quad（8—2）$$

IAB、OSS、RE、SW 分别代表网络利他行为、网络社会支持、责任感和主观幸福感。其中方程（8—1）表示第一阶段影响，方程（8—2）表示第二阶段影响及直接效应。然后使用多元回归方程计算出各个回归系数及各效应的大小（见表 8—4），并使用拔靴法（bootstrap method）分别计算路径系数、间接效应、总效应与差异的显著性（Edwards & Lambert，2007；王宇清、龙立荣、周浩，2012）。把本章中的 887 个样本作为"母本"，采用有放回的抽样方式从母本中随机抽取 887 个样本，共抽 1000 组样本，根据抽取的1000 组样本计算出单纯路径系数、间接效应、总效应的估计值。然后根据这 1000 组估算值推导出"偏差校正置信区间"。最后根据这些置信区间来确定各路径系数、间接效应、总效应及差异的显著性。分析结果见表 8—5。

表 8—4 参数估计

a_{05}	a_{x5}	a_{z5}	a_{xz5}	R^2	b_{020}	b_{x20}	b_{m20}	b_{z20}	b_{xz20}	b_{mz20}	R^2
0.01	0.13*	0.14*	0.03	0.06	0.01	0.16*	0.20*	0.06	0.06	0.23*	0.07

注：所有变量均中心化处理。a_{x5}、a_{z5}、a_{xz5} 是回归方程（8—1）的非标准化回归系数，b_{x20}、b_{m20}、b_{z20}、b_{xz20}、b_{mz20} 是回归方程（8—2）的非标准化回归系数。

表8—4显示,b_{mz20}是网络社会支持对主观幸福感为第二阶段的调节变量效应系数,其值显著(0.23,$p < 0.05$),这表明责任感在网络社会支持对主观幸福感作用(第二阶段)的调节效应显著。另外,从表8—5可以看出,对于高责任感青少年而言,网络社会支持在网络利他行为与主观幸福感之间关系中具有中介作用;而对低责任感青少年来说,网络社会支持在网络利他行为与主观幸福感之间关系中的中介作用不显著。无论高责任感还是低责任感,网络利他行为对网络社会支持均具有显著的正向影响,两者的差异不显著(0.07,$p > 0.05$)。在高责任感情况下,网络社会支持对主观幸福感的正向效应较强(0.19,$p < 0.05$);在低责任感情况下,网络社会支持对主观幸福感的正向效应较弱且不显著(0.05,$p > 0.05$),两者的差异显著(0.14,$p < 0.05$)。无论责任感的高低,网络利他行为对主观幸福感的正向效应均显著,两者的差异也显著(0.13,$p < 0.05$)。在高责任感情况下,模型总效应较高(0.33,$p < 0.01$),在低责任感情况下,模型总效应较低(0.13,$p < 0.05$),且两者的差异也显著(0.20,$p < 0.01$)。

表8—5 简单效应分析

阶段与效应		高责任感	低责任感	差异
阶段	第一阶段: 网络利他行为→网络社会支持	0.49 **	0.42 **	0.07
	第二阶段: 网络社会支持→主观幸福感	0.19 *	0.05	0.14 *
效应	直接效应	0.24 **	0.11 *	0.13 *
	间接效应	0.09	0.02	0.07 *
	总效应	0.33 ** 0.13 *	0.20 **	

注:表格中的数字是回归系数(第一阶段、第二阶段及直接效应),以及运用这些回归系数计算而得到的数值(间接效应、总效应及差异)。低责任感是将责任感的均值减一个标准差,高责任感是将责任感的均值加一个标准差。

责任感在高分组和低分组时的中介效应见图 8—2 和图 8—3。在高责任感条件下，第一阶段、第二阶段和直接效应都显著，表明网络社会支持在网络利他行为与青少年主观幸福感之间起着部分中介作用。在低责任感条件下，第一阶段和直接效应均显著，但第二阶段不显著，表明网络社会支持在网络利他行为与青少年主观幸福感之间不存在显著的中介作用。

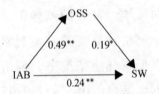

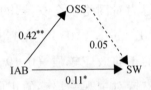

图 8—2 高责任感的简单效应　　　　**图 8—3 低责任感的简单效应**

注：图 8—2 和图 8—3 表示中介模型的简单效应图，实线表示该影响路径显著，虚线表示该影响路径不显著。IAB、OSS、SW 分别表示网络利他行为、网络社会支持和主观幸福感。

第四节 讨论

一 网络利他行为对主观幸福感的影响

笔者发现，青少年网络利他行为与主观幸福感存在显著正相关，即青少年网络利他行为越多，其主观幸福感越高。进一步的结构方程模型分析显示，青少年网络利他行为对其主观幸福感有显著的预测作用。有研究指出，个体经常从事利他行为会对其自我觉知和自我评价的方式产生影响，利他行为会拓宽个体的视野、改变对事物的态度、减轻自身的压力并产生积极的应对方式，因此利他行为的个体更倾向于报告自己是幸福的（Akintola，2010；Mellor，et al.，2009；Borgonovi，2008；Musick ＆ Wilson，2003）。Grant 和Gino（2010）发现，利他行为可以促进和维持良好的人际关系，从而提高个体的主观幸福感。Marieke（2000）的研究也证实了花费更多时间从事利他行为的个体能够体验到更多的幸福感。网络利他行为和现实利他行为在本质上并无差别，它是现实利他行为在网络环境中的延伸（郑显亮，2013）。青少年在网络环境中从事利他行为有助于提高他们对自我社会角色的认知，通过对他人无私的帮助，他们能更好地感知自己的社会价值，也会对他们的适应能力和学习能力给予正面积极的肯定，从而产生愉悦感、心理满足感、成就感等积极情绪体验。因此，青少年网络利他行为也会对其主观幸福感产生积极的作用。

二　网络社会支持的中介效应

本章采用结构方程模型对网络社会支持的中介效应进行检验，结果表明网络社会支持在网络利他行为与主观幸福感之间起着显著的部分中介作用。也就是说，一方面，网络利他行为会直接促进主观幸福感的提高；另一方面，网络利他行为借助网络社会支持这一中介变量对主观幸福感产生影响。这验证了研究假设 H1。研究发现，利他行为不仅是结交新朋友和巩固已有关系的最好方式，也是增强个体与社会的联结、扩展个体支持网络的方法（Anne, Brenda, Josh, Brenda & Associates, 2011）。而网络利他行为是现实利他行为在网络空间的延伸与扩展，因此个体的网络利他行为越多，个体在与他人进行情感、信息、物质等的交流和互动中可以体验到一种归属意识，以及对环境和他人的认同感，从而在虚拟的网络世界中获得更多的支持。网络社会支持有助于个体有效应对生活事件，能增进个体的身心健康和主观幸福感（徐庆春，2014）。可见，网络利他行为首先可能会影响青少年的网络社会支持，使他们的网络社会支持随着其利他行为的增加而相应地提高，而网络社会支持的提高又促使其主观幸福感水平的提高，于是就形成了"网络利他行为→网络社会支持→主观幸福感"这样一种作用模式。

三　责任感的调节效应

本章采用"总效应调节模型"方法和程序（Edwards & Lambert，2007）分析了责任感是否会调节网络利他行为对青少年主观幸福感的影响效应。研究结果发现，责任感的调节作用发生在网络利他行为影响主观幸福感的第二阶段，即调节网络社会支持和主观幸福感之间的关系。对高责任感青少年而言，网络社会支持在网络利他行为与主观幸福感之间关系中具有中介作用；而对低责任感青少年来说，网络社会支持在网络利他行为与主观幸福感之间关系中的中介作用不显著。这表明在高责任感情况下，网络社会支持在网络利他行为和主观幸福感的部分中介作用受到责任感的调节，即网络社会支持对青少年的主观幸福感的影响是有调节的中介效应，网络社会支持对主观幸福感的正向效应随责任感的增加而增强。研究者指出，社会支持对主观幸福感有着显著的预测作用（Mezuk，Roux & Seeman，2010），在个体社会化过程中，得到社会支持较多的青少年能够改变他们的交往状态，在交往中能够获得更多的安全感、归属感、满足感和自我价值感等，从而体验到更多的积极情感，生活满意度会更高，个体的幸福感体验也就更强（叶艳晖，2013）。主观幸福感的交互作用模型（Diener，Suh，Lucas & Smith，1999）指出，幸福感需要人格和环境相结合才能产生，一些人对积极情感反应的心理倾向性强，积极事件的发生会带来更加强烈的幸福感。还有研究表明，责任感对主观幸福感起着工具性的作用，责任感水平较高的个体有能力、有爱心、工作努力勤奋，更愿意选择和创造快乐的情境（McCrae & Costa，1991）。因此，高责任感的青少年会倾向于选择高网络社会支持情境（快乐的情境），而这一良好的网络社会支持系统可以为其带来更高的主观幸福感。可见，高责任感会加强网络社会支持对主观幸福感的正向效应。

总之，本章提出的有调节的中介模型比较深入地阐述了网络利他行为与青少年主观幸福感之间的关系及其作用机制，不仅初步揭示了网络利他行为"怎样"影响主观幸福感，还阐明了网络利他行为"何时"影响主观幸福感。这些研究丰富和深化了网络利他行为与主观幸福感的研究内容。

四 实践意义与研究展望

本章采用结构方程模型方法对网络利他行为、网络社会支持、责任感与主观幸福感之间的关系模型进行了实证探讨，验证了网络社会支持在网络利他行为与主观幸福感关系间的中介作用，以及责任感在网络社会支持与主观幸福感之间的调节作用，丰富了网络利他行为对个体的影响机制研究，同时对提高青少年的主观幸福感具有重要的参考价值。首先，应重视网络利他行为对青少年主观幸福感的积极影响。从学校的角度来讲，可以扩展校园网络的功能，开设或细化网络功能区，建设好网络互助社区；从社会方面来讲，相关部门应该净化网络环境，给青少年安全上网提供更多的支持，同时要倡导和谐互助的网络氛围，鼓励青少年在网络环境中从事利他行为。这样既可以促进青少年的身心发展，又有利于提高其主观幸福感。其次，要重视人格特质尤其是责任感对青少年主观幸福感形成的重要作用。学校要引导青少年学生进行人格的自我塑造与完善，学会尊重、理解和支持他人，要积极开展活动和创设条件促进青少年责任感的提高，从而增强其主观幸福感。

但本章研究仍存在一些不足：首先，本章采用的是横断研究设计，不能清晰地反映各变量随时间变化的趋势，无法推断变量间的因果关系，未来研究可采用追踪研究或实验研究。其次，本章所有的变量均采用问卷调查法，问卷法虽然能测出被试的一些心理与行为表现，但很难触及被试的内心世界和真实想法，今后可采用质性研究对青少年的内在心理进行深入分析与探讨。最后，本章仅关注了网络社会支持和责任感在网络利他行为影响青少年主观幸福感中的作用，但是其他一些可能影响网络利他行为与主观幸福感之间关系的因素并未涉及，如应对方式、认知归因等，这些都有待今后做更深入的研究。

第五节　结论

（1）网络社会支持对网络利他行为与主观幸福感的关系具有部分中介效应。也就是说，网络利他行为既对主观幸福感产生直接影响，也通过网络社会支持对主观幸福感产生间接影响。

（2）责任感是网络社会支持与主观幸福感之间关系的调节变量。具体而言，网络社会支持对主观幸福感的正向效应随责任感的增加而增强，即在低责任感情况下，网络社会支持对主观幸福感的正向效应较弱；在高责任感情况下，网络社会支持对主观幸福感的正向效应较强。

第九章

网络利他行为与主观幸福感的关系：
有中介的调节效应

第一节 引言

自古以来，人们就一直在讨论"什么是幸福""怎样才能得到幸福"这个话题，对自己过得幸福不幸福也会进行主观评价。个体对自己的生活质量进行整体性的主观评价，即为主观幸福感（Diener, 1984）。近年来，随着积极心理学的兴起，研究者开始关注幸福感、希望、乐观等人类积极心理状态。作为积极心理学重要研究内容的主观幸福感就成了心理学研究的热点之一。其中，青少年的主观幸福感亦引起了学者们的极大兴趣。有研究表明，青少年的主观幸福感水平不高，且随着年级的升高而下降（宋灵青、刘儒德、李玉环、高振华、李文君，2010；岳颂华、张卫、黄红清、李董平，2006）。还有研究显示，较低的幸福感会给青少年带来一些负面影响，比如学习成绩下降、消极情绪增加、社会适应不良等（王士雷，2008）。因此，提升青少年的主观幸福感对促进和改善青少年的生活质量、提高学业成绩等都具有十分重要的现实意义。

当下，互联网已成为青少年日常生活和学习不可或缺的一部分。青少年在互联网中的助人行为——网络利他行为正日益引起研究者的关注（Wright & Li, 2011；郑显亮，2013）。网络利他行为是指在互联网环境中表现出来的有利于他人和社会，并且不期望得到回报的自觉行为（郑显亮，2013）。长期以来，人们一直认为利他行为会提高个体的主观幸福感，因为利他行为会促使人们之间的社会交往与融合更为积极，会加强个体的生命意义感（Stephen，2005）。有研究者指出，利他行为会有效减少消极情绪、提高积极情绪，从而增加主观幸福感（Glomb，Bhave，Miner & Wall，2011）。还有研究者发现，利他行为会促进良好的人际关系，加强人际信任，并进一步使得主观幸福感得到提升（Barlett & DeSteno，2006；Grant & Gino，2010）。Pareek 和 Jain（2012）的实证研究也表明，利他行为是影响主观幸福感的一个重要变量。自我和谐理论（self-concordance theory）认为，当个人追求的目标与行为和他们的价值或兴趣一致时，尤其是目标与行为是他们自发选择的而不是外在强迫的，他们就会获得更多的满足感和幸福感（Sheldon & Elliot，1999）。青少年的网络利他行为都是青少年凭着自己的兴趣和一技之长向处于困境中的人们主动地提供帮助，没有任何的外界压力。也就是说，青少年网络利他行为是和他们的目标兴趣一致的。有研究者指出，网络利他行为使得青少年获得了自我肯定，增强了自我价值感，心理满足感也更高（程乐华，2002）。因此，笔者认为，青少年网络利他行为与主观幸福感存在着密切关系，青少年网络利他行为越多，其主观幸福感就会越高。

众多研究表明，个体的主观幸福感受多种因素的影响。那么网络利他行为对主观幸福感的影响是否会因为个体之间的差异而不同呢？主观幸福感的人格环境交互作用的加法模型认为，因变量的变异是个人、情境及其交互作用变异的总和，主观幸福感是人格与情境交互作用的结果（Diener，Suh，Lucas & Smith，1999）。也就是说，有些人可能对积极情感的反应倾向更强，积极事件的发生更能带来强烈的幸福感（王克静、王振宏、戴雅玲，2013）；而另一些人对消极情境刺激更敏感,消极情境或事件的发生会对他们的主观幸福感产生更大的负面影响(邱林、郑雪,2013)。自尊作为一种稳定的人格特质,是预测主观幸福感的最可靠指标之一(Dogan,Totan & Sapmaz,2013)。有研究表明,自尊与积极情感正相关,与消极情感负相关,即高自尊者对积极情感的反应更强烈,低自尊者对消极情感更敏感(Watson & Clark,1984)。因此,笔者认为,高自尊者从事网络利他行为时,其对网络利他行为带来的满足感、愉悦感等积极情感的体验会更深,所感受到的幸福感会更高;而低自尊者由于对消极情感更青睐,所以网络利他行为对其带来的幸福感体验会弱一些。也就是说,自尊充当了一种缓冲或调节作用的因素,在高自尊状态下,网络利他行为与主观幸福感的正向关系会加强。故本章提出假设 H1:自尊在网络利他行为和主观幸福感的关系间起着调节作用。

有研究结果显示,自我效能感高的青少年有较少的抑郁和焦虑情绪,能显著提高他们的生活满意度(Caprara & Steca,2005;Luszczynska,Gutiérrez-Doña & Schwarzer,2005),自我效能感高的个体比自我效能感低的个体有更高的主观幸福感(Cohen & Cairns,2012;Lent,et al.,2005)。可见,自我效能感是影响主观幸福感的重要变量(Datu,2012)。还有研究发现,自我效能感在一些变量与主观幸福感的关系间充当中介因子(孟慧、梁巧飞、时艳阳,2010)。另外,有研究证据表明,个体在收到他人的信息反馈后,其认知反应会因个体自身的自尊水平而不同,高自尊者比低自尊者有更强的自我服务偏好(田录梅、张向葵,2007)。当个体从事网络利他行为后,会得到一些网民的肯定、赞赏与鼓励等积极评价。由于存在自我服务偏好,高自尊者对这些积极反馈会更敏感,会产生自我增强,会有更多积极的自我评价,从而增强自我效能感。因此,与低自尊者相比,网络利他行为会给高自尊者带来更积极的自我评价,能建立起更强大的自我效能感，从而导致其主观幸福感更高。也就是说，自尊对网络利他行为和主观幸福感关系的调节在很大程度上可能是通过自我效能感这一中介因素实现的。故本章提出假设 H2：自我效能感是自尊与网络利他行为交互影响青少年主观幸福感的中介变量。

综上所述，本章的主要目的为：（1）探讨青少年网络利他行为与主观幸福感的关系；（2）考察自尊对网络利他行为与主观幸福感的关系是否具有调节效应；（3）检验自我效能感在该调节效应中是否充当中介作用。各变量的关系模型见图 9—1。

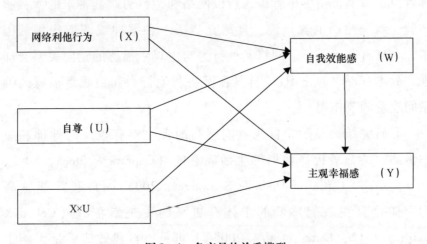

图 9—1　各变量的关系模型

第二节　研究方法

一　被试

在江西省随机抽取 6 所中学（3 所城市中学，3 所乡镇中学）的青少年进行测试。以班级为单位，利用学生空余课时间分发问卷，学生做完后当场收回。共发放问卷 1500 份，剔除无效问卷（漏答、不认真作答、无网络利他经历等）后获得有效问卷 1376份，有效回收率为 91.73%。其中女生 720 名（占 52.33%），男生656 名（占 47.67%）；平均年龄 14.83 ± 1.69 岁；平均每周上网时间为 5.48 ± 3.21 小时；平均网龄 3.86 ± 2.02 年。

二　研究工具

（一）网络利他行为量表

采用郑显亮（2010）编制的网络利他行为量表。该量表有 26 个项目，包括网络指导、网络支持、网络提醒和网络分享 4 个因子。量表采用 4 点记分，得分越高表示网络利他行为程度越高。本研究中，该量表的 α 系数为 0.92。

（二）一般自我效能感量表

采用 Schwarzer 等人编制，王才康、胡中锋和刘勇（2001）翻译修订的一般自我效能感量表。该量表有 10 个项目，4 点记分，得分越高表示自我效能感越高。该量表在本章中的 α 系数为 0.88。

（三）自尊量表

采用 Rosenberg（1965）编制的自尊量表。该量表有 10 个项目，4 点记分，得分越高表明自尊水平越高。该量表在本章中的 α 系数为 0.83。

（四）主观幸福感指数量表

采用 Campbell、Converse 和 Rodgers（1976）编制的主观幸福感指数量表。该量表包括生活满意度问卷和总体情感指数量表两个部分。量表采用 7 点记分，得分越高表示幸福感越高。该量表在本章中的 α 系数为 0.82。

第三节　结果与分析

一　共同方法偏差检验

本章所用问卷都采用自陈方式，且均由同一被试提供，因此有可能存在共同方法偏差。而共同方法偏差的控制分为程序控制和统计控制（周浩、龙立荣，2004）。本章首先采用程序控制：采用班级形式统一施测问卷，在施测过程中强调问卷的匿名性、保密性，并说明数据仅限于科学研究用，以达到尽量控制共同方法偏差来源的目的。在程序控制方法无法实施或者无法完全消除共同方法偏差时，可采用统计的方法来对共同方法偏差进行检验和控制（周浩、龙立荣，2004）。当研究者无法识别共同方法偏差的具体来源或无法有效测量时，可考虑采用控制非可测潜在方法因子技术（Anderson & Williams，1992）。即将共同方法因子作为一个潜变量纳入结构方程模型，所有观测变量在这个潜变量上的负载，然后比较控制前后的模型拟合程度。如果控制前模型的各项拟合指数显著优于控制后模型，则存在严重的共同方法偏差（周浩、龙立荣，2004）。由表9—1可知，加入共同方法因子后，模型的各项拟合指数均不如之前的模型，因此可以认为本章的共同方法偏差不显著。

表9—1　　　　　　　　　共同方法偏差检验

模型	x^2	df	x^2/df	NFI	NNFI	CFI	GFI	RMSEA
控制前	73.49	48	1.53	0.98	0.99	0.99	0.97	0.035
控制后	79.58	32	2.49	0.86	0.84	0.85	0.83	0.082

二　各变量的相关分析

由表9—2可知，网络利他行为、自我效能感均与主观幸福感显著正相关，说明青少年网络利他行为越多，其主观幸福感越高；青少年自我效能感越高，其主观幸福感也越高。网络利他行为、自我效能感与自尊之间也存在显著正相关。自尊与主观幸福感的相关不显著。

表 9—2 各变量的相关分析

	M	SD	网络利他行为	自我效能感	自尊	主观幸福感
网络利他行为	2.08	0.55	1.00			
自我效能感	2.49	0.55	0.38**	1.00		
自尊	2.69	0.27	0.22**	0.29**	1.00	
主观幸福感	10.52	2.17	0.28**	0.30**	0.11	1.00

三 网络利他行为与主观幸福感的关系:有中介的调节效应检验

根据有中介的调节效应检验步骤（温忠麟、刘红云、侯杰泰，2012），本章对以下三个回归方程进行估计：（1）主观幸福感对网络利他行为、自尊、网络利他行为×自尊的回归，检验网络利他行为×自尊的系数是否显著；（2）自我效能感对网络利他行为、自尊、网络利他行为×自尊的回归，检验网络利他行为×自尊的系数是否显著；（3）主观幸福感对网络利他行为、自尊、网络利他行为×自尊、自我效能感的回归，检验自我效能感的系数是否显著。除性别外，本章对所有变量都做了中心化处理，并对青少年的性别、年龄、网龄、每周上网时间等变量进行了控制。估计参数见表9—3。

由表9—3可知，在方程1中，网络利他行为对主观幸福感存在显著的正向预测作用，网络利他行为和自尊的交互项也达到显著水平。简单斜率检验表明（见图9—2），当低自尊时，网络利他行为程度的高低对青少年主观幸福感的影响不显著（$b = -0.24$，$t = -1.12$，$p > 0.05$）；当高自尊时，网络利他行为程度高的青少年比网络利他行为程度低的青少年的主观幸福感有明显的上升趋势（$b = 0.40$，$t = 4.16$，$p < 0.001$）。即自尊在网络利他行为与主观幸福感的关系中起着调节作用。

表 9—3 青少年主观幸福感模型检验

	方程1（效标：主观幸福感）		方程2（效标：自我效能感）		方程3（效标：主观幸福感）	
	b	t	b	t	b	t
网络利他行为	0.19	4.04 ***	0.30	6.60 ***	0.10	2.14 *
自尊	-0.05	-0.85	0.11	2.23 *	-0.13	-2.64 **
网络利他行为×自尊	0.11	2.14 *	0.09	2.10 *	0.09	1.71
自我效能感					0.30	6.15 ***
性别ᵃ	0.19	1.86	-0.20	-1.97 *	0.24	2.39 *
年龄	0.05	1.09	-0.02	-0.35	0.06	1.30
网龄	0.02	0.35	0.19	4.36 ***	-0.04	-0.89
每周上网时间	-0.01	-0.03	-0.12	-2.62 **	0.02	0.51
R^2	0.07		0.20		0.15	
F	7.83 ***		19.28 ***		15.82 ***	

注：a：0＝男，1＝女。

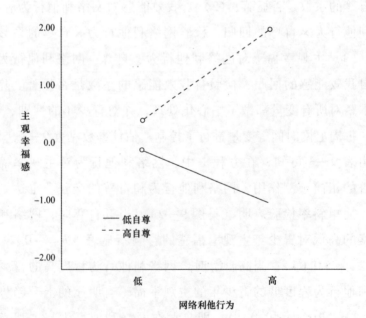

图 9—2 自尊对网络利他行为与主观幸福感的调节

由方程 2 可知, 网络利他行为、自尊及二者交互项对自我效能感的正向预测作用均显著。简单斜率检验表明 (见图 9—3), 当低自尊时, 网络利他行为程度高的青少年比网络利他行为程度低的青少年的自我效能感有显著的下降趋势 ($b = -0.36$, $t = -2.33$, $p < 0.05$); 当高自尊时, 网络利他行为程度高的青少年比网络利他行为程度低的青少年的自我效能感表现出显著的上升趋势 ($b = 0.41$, $t = 3.76$, $p < 0.001$)。即自尊在网络利他行为与自我效能感的关系中起着调节作用。方程 3 显示, 自我效能感对主观幸福感的正向预测作用显著, 但网络利他行为与自尊的交互项未达显著水平, 表明自尊的调节效应完全通过自我效能感这一中介变量而起作用, 中介效应值为 $0.30 \times 0.30 = 0.09$, 中介效应占总效应的比例为 $0.09 \div (0.09 + 0.10) = 47.37\%$。

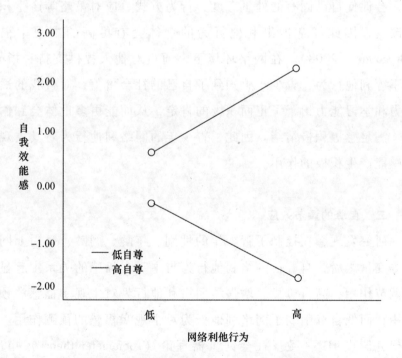

图 9—3 自尊对网络利他行为与自我效能感的调节

综上所述，网络利他行为对主观幸福感存在显著的正向预测作用，自尊对网络利他行为与主观幸福感之间的关系具有调节效应，自我效能感在这调节效应中起着完全中介作用。

第四节 讨论

一 网络利他行为与主观幸福感的关系

研究结果显示，青少年网络利他行为和主观幸福感显著正相关，个体的网络利他行为越多，其主观幸福感越高。Kristin 和 Abigail（2014）研究发现，无论从生物学还是从心理学的角度，利他行为均有助于人们的身心健康，能有效促进个体的主观幸福感。还有研究表明，利他行为会对个体知觉和评价自我的方式产生影响，会促使自己固有的处事态度、行为方式、应对策略等产生积极的改变，因此经常做出利他行为的个体会有更高的主观幸福感（Borgonovi，2008）。在网络环境下，通过对他人提供支持、指导、分享等利他行为，青少年感知到了自己的社会价值，对自我的适应能力和学习能力给予了正面积极的肯定，从而能更多地体会到愉悦感、满足感等积极情绪。因此，青少年的网络利他行为对其主观幸福感能产生积极的作用。

二 自尊的调节效应

研究发现，在控制了青少年的性别、年龄、网龄、每周上网时间等变量之后，自尊在网络利他行为与主观幸福感的关系中起显著的调节作用，高自尊显著增强了网络利他行为对主观幸福感的预测作用，而低自尊削弱了网络利他行为对主观幸福感的预测作用。这与研究假设 H1 一致。社会计量器理论（sociometer theory）指出，自尊会对个体的自我评估过程进行有效调节，高自尊个体的社会自我评价要显著高于低自尊个体（Ford & Collins，2010）。因此，个体在从事网络利他行为时对自身主观幸福感的评估过程很可能会受到自尊的调节。高自尊个体的网络利他行为越多,个体对自己就越有信心并且体会到的积极情绪也越多,其主观幸福感就越高。低自尊个体由于社会自我评价低,缺乏自信,对积极情绪不敏感(Watson & Clark,1984),对消极反馈表现出更为强烈的情绪反应,更容易体验到负面情绪(Sommer & Baumeister,2002),从而会削弱网络利他行为与主观幸福感之间的正向关系。本章提示,一方面,对青少年的网络行为要加强引导,要鼓励和支持青少年的网络利他行为,让青少年在帮助他人的过程中获得积极的情绪体验,从而增加幸福感;另一方面,要加强对低自尊水平青少年的干预,促使其形成积极的认知和自我评价,提高其自尊水平,促进其幸福感的提升。

三　自我效能感的中介效应

有研究表明,自我效能感是社会心理因素影响心理机能健康的中介因子,它影响着个体改变的各个基本过程(Bandura,2004)。研究结果发现,自我效能感对青少年主观幸福感的提升产生了重要影响,这一结论与已有研究结果相同(Bandura,Barbaranelli,Caprara & Pastorelli,2001;Strobel,Tumasjan & Sporrle,2011)。进一步研究发现,自尊对网络利他行为与主观幸福感关系的调节作用是通过自我效能感这个中介变量来达到的。具体来说,当青少年自尊水平较高时,网络利他行为与自我效能感呈显著正相关。此时,青少年从事网络利他行为越多,所获得的成功经验和愉快、自我满足等积极情绪就越多,就越容易肯定自身的能力,变得更加自信,这会增强其在某一领域中完成任务的能力的判断,从而提高其自我效能感(郑显亮、赵薇,2015);而自我效能感的提升又会促进主观幸福感的增强(Tamannaeifar & Motaghedifard,2014)。当青少年自尊水平较低时,网络利他行为与自我效能感相关不显著,即此时网络利他行为对主观幸福感的影响较小。总之，自我效能感在自尊与网络利他行为交互影响青少年主观幸福感的过程中起到了"桥梁"作用。

四　研究意义与展望

本章就网络利他行为、自尊、自我效能感和主观幸福感之间的关系进行了实证考察，验证了自尊在网络利他行为与主观幸福感之间的调节作用，以及自我效能感在该调节效应中的中介作用，丰富了网络利他行为对个体的影响机制研究，同时对提高青少年的主观幸福感具有重要的参考价值。首先，应重视网络利他行为对青少年主观幸福感的影响。随着网络的普及，越来越多的青少年开始接触网络，并逐渐成为网络中的主力军。而青少年正处于身心发展的关键期，可塑性较强但是自控能力差，其更容易受到网络上的负面信息的影响。因此，不论是学校层面还是社会方面，都应为青少年营造良好的网络环境，重视通过适当方式和途径引导青少年文明上网，鼓励并教导青少年在网络上积极开展对他人的支持、指导、提醒等利他行为。这不仅有利于青少年的身心健康发展，更有利于其幸福感的提高。其次，要注重积极人格特质对心理健康的影响，也就是自尊、自我效能感对青少年主观幸福感形成的重要作用。在青少年的日常生活和学习中，家庭和学校要引导学生进行人格的自我塑造与完善，采取恰当的措施促进青少年自尊及自我效能感的提升，从而提高其主观幸福感。

本章还存在一些局限：首先，研究只选取了江西省几所中学的青少年为样本，样本覆盖面不够广，且青少年网络利他行为可能存在着地域差异，因此将结论推广到其他青少年人群时需谨慎。其次，本章采用的是横断面研究，这使得我们无法进行因果关系的推断。未来研究应采取纵向研究，以更好地揭示网络利他行为与主观幸福感关系背后的发展过程。最后，本章着重考察了自尊、自我效能感在网络利他行为影响青少年主观幸福感中的作用，但是对于可能影响网络利他行为与主观幸福感之间关系的其他人格因素或者环境因素（如人格特质、社会支持等）并未涉及，这些都有待今后做更深入的研究。

第五节　结论

本章采用一个有中介的调节效应模型系统考察了青少年网络利他行为、自尊、自我效能感和主观幸福感之间的关系。研究结果显示：网络利他行为是影响青少年主观幸福感的重要因素；自尊在网络利他行为与主观幸福感的关系中起着调节作用，高自尊增强了两者的关系，而低自尊削弱了两者的关系；自我效能感在自尊调节网络利他行为与主观幸福感关系中起着完全中介作用。

第 十 章

网络利他行为影响青少年心理健康的实验研究

第一节　引言

根据中国互联网络信息中心（CNNIC）发布的第 37 次《中国互联网络发展状况统计报告》，截至 2016 年 12 月底，中国网民数量已达 6.88 亿，而青少年（10—19 岁）是网民的主力军，占比 21.4%。当下，青少年在网络上的交流互动行为日益频繁。其中，青少年的网络利他行为正日益引起研究者的关注（Wright & Li，2011；郑显亮，2013）。网络利他行为是指人们在网络环境中表现出来的有利于他人和社会，且不期望得到任何回报的自觉自愿行为（郑显亮，2013）。例如，在网上分享自己成功的学习经验、在网上向他人推荐好的文章、在网上关心和鼓励需要帮助的人，等等。研究者指出，人们在网上比实际生活中更乐于帮助别人（Wallace，2001）。网络的超时空性和共享性为利他行为提供了一个便利的渠道，人们通过互联网可以很快捷地为他人提供所需要的帮助，及时地为他人解决一些问题或困惑。有研究发现，青少年在网络利他行为中具有知识优势，他们掌握了较好的网络知识和应用技巧，并且青少年网络利他行为及时、有效，具有连续性和互动性（王小璐、风笑天，2004）。青少年在网络环境中实施利他行为，不仅有利于当前网络健康文明氛围的营造，而且对青少年人际关系的和睦发展及其心理的正常调适具有重要的现实意义。

有研究显示，利他行为与心理健康存在相关，利他行为程度高的人，心理健康水平也高（邵贵平，2000）。研究者指出，网络利他行为和现实利他行为一样，都是有利于他人的自觉自愿的助人行为，两者在本质上并无差别（郑显亮，2013）。网络利他行为虽然不需要任何的外部奖赏，但能给利他者带来内在的愉悦感、满足感和成就感，因此在实施网络利他行为之后，往往会给个体带来积极的情绪体验。而积极情绪可以使人心情舒畅、身心愉快，能较好缓解紧张与焦虑，从而有利于保持心理健康。由此，笔者认为，网络利他行为和心理健康之间也存在较密切的关系。

班级团体辅导是以班级为单位，以班级全体学生为辅导对象，以发展和预防为主要功能的团体心理辅导形式（樊富珉、何瑾，2010）。班级团体心理辅导的内容丰富，活动形式多样，富有感染力，容易调动参与者的积极性，形成凝聚效应，能较好地促进其心理社会发展。研究发现，班级团体辅导作为一种有效的教育干预因子，能够提高青少年的自尊水平、增加自我接纳、改善青少年的心理健康状况（张微、江光荣、陈佳等，2014）。因此，本章拟采用班级团体辅导干预方法考察网络利他行为对青少年心理健康的影响，以便为青少年的心理健康教育提供实证的参考依据。

第二节　研究方法

一　被试

采用方便取样法在江西省赣州市选择一个中学，从该中学选择一个班级作为实验组，另外从同一年级中选择一个平行班级作为对照组。实验组和对照组两个班级的人数、男女比例、学习成绩等都很接近。对实验组和对照组上学期期末考试成绩进行统计分析，结果表明不存在显著差异。实验组 48 人（其中男生 30 人，女生 18 人），平均年龄 14.56 ± 1.23 岁，平均每周上网时间为 12.12 ± 9.69 小时。对照组 48 人（其中男生 29 人，女生 19 人），平均年龄 14.34 ± 1.16 岁，平均每周上网时间为 10.89 ± 9.78 小时。

二　实验方法

（一）材料

通过对被试的问卷调查和对班主任的访谈，并参考相关的文献资料，制订了网络利他行为的班级团体辅导方案。该方案旨在构建被试对网络利他行为的概念、意义、影响因素等方面的科学认识，学习网络交往技能，掌握促进网络利他行为水平提高的有效途径并进行网络利他行为的实践操作。实验材料分为 7 个单元 10 个课时，具体见表 10—1。

（二）实验设计

采用实验组对照组前测后测实验设计，实验期间对实验组进行网络利他行为的班级团体辅导干预，对照组不进行任何干预。

（三）实验程序

本实验研究的实施时间是从 2014 年 8 月至 2015 年 2 月，分三个阶段进行：实验前期准备阶段、实验阶段、后期效果评估阶段。第一阶段是实验前期准备阶段（2014 年 8 月至 9 月），主要工作是查阅相关文献资料，初步设计网络利他行为班级团体辅导的实验方案，选择适宜的测查量表（《网络利他行为量表》和《中学生心理健康量表》）对实验组和对照组进行实验前的测试，以评估实验组和对照组是否同质。第二阶段为实验阶段（2014 年 10 月至 12 月），主要工作是开展有关网络利他行为的班级团体辅导，由研究者担任班级团体辅导教师，运用自己设计的网络利他行为班级团体辅导方案对实验组进行辅导，每周一次，每次 45 分钟，共 10 次。每次辅导后对实验组发放《团体辅导意见反馈表》，了解被试

表 10—1 **网络利他行为班级团体辅导方案**

序号	活动主题	活动时间	活动目的	活动形式
1	网络利他行为概述	1 课时	通过讲授，使学生理解网络利他行为的内涵、表现形式及与现实利他行为的区别与联系	主题讲座
2	网络利他行为的影响因素	1 课时	通过讲授及讨论等形式，了解网络利他行为的影响因素	讲授讨论
3	网络利他行为与网络道德	1 课时	通过讲授、讨论及辨析的形式，使学生掌握网络利他行为与网络道德的关系，了解网络利他行为的意义	讲授讨论
4	网络利他行为与心理健康	1 课时	通过讲授、讨论及辨析的形式，使学生掌握网络利他行为与心理健康的关系，理解网络利他行为对于自身成长的重要影响	讲授辩论
5	社会支持与网络利他行为	1 课时	通过讲授、讨论等形式，使学生理解社会支持与网络利他行为的关系，通过活动扩展自己社会支持程度，提高网络利他行为能力	讲授讨论
6	心中有他人	2 课时	理解宽容与移情的重要性，学会站在对方的立场上看问题，增强网络利他行为的动机	观看视频角色扮演
7	网络利他行为技能实践	3 课时	学会免费的资源共享、无偿提供信息咨询、提供在线资源、提供游戏支援、提供社会救助等网络利他行为技能，进行具体的网络利他行为实践操作	上机操作

对辅导的看法和感受，以便对辅导方案进行及时调整和改进。对照组则不进行班级团体辅导。第三阶段为后期效果评估阶段（2015年1月至2月），主要是进行后测，对实验组和对照组均实施《网络利他行为量表》和《中学生心理健康量表》的测试，检验被试网络利他行为提升的程度和心理健康改善的水平，以评估实验效果。

（四）测量工具

1. 网络利他行为量表

该量表由郑显亮（2010）编制，共26个项目，包括网络支持、网络指导、网络分享和网络提醒4个维度。量表采用4点记分，得分越高表明网络利他行为的水平越高。在本章中，量表的 α 系数为0.94，各维度的 α 系数在0.79—0.89之间。

2. 中学生心理健康量表

该量表由王极盛、李焰和赫尔实（1997）编制，共60个项目，包括强迫、偏执、敌对、人际关系紧张与敏感、抑郁、焦虑、学习压力、适应不良、情绪不平衡、心理不平衡10个维度。量表采用5点记分，得分越高表明心理问题越严重。在本章中，量表的 α 系数为0.91，各维度的 α 系数在0.68—0.85之间。

（五）统计分析

数据采用SPSS 16.0统计软件进行统计处理。

第三节　结果与分析

一　实验组和对照组前测差异比较

对实验组与对照组的前测进行独立样本 t 检验（见表10—2）。由表10—2可知，实验组与对照组的网络利他行为和心理健康的得分均不存在显著差异，表明实验组与对照组基本属于同质群体。

表 10—2　　　　　　　实验组和对照组前测差异比较（$M \pm SD$）

因子	实验组	对照组	t	p
网络支持	2.55 ± 0.77	2.43 ± 0.66	0.79	0.432
网络指导	1.83 ± 0.64	1.91 ± 0.73	− 0.52	0.604
网络分享	1.97 ± 0.61	1.90 ± 0.55	0.61	0.541
网络提醒	1.91 ± 0.70	2.06 ± 0.76	− 1.00	0.316
网络利他行为总分	2.07 ± 0.57	2.08 ± 0.58	− 0.07	0.942
强迫	2.31 ± 0.75	2.53 ± 0.66	− 1.59	0.114
偏执	2.05 ± 0.68	2.14 ± 0.57	− 0.70	0.483
敌对	2.08 ± 0.74	2.09 ± 0.78	− 0.07	0.952
人际关系紧张与敏感	2.50 ± 0.76	2.37 ± 0.80	0.82	0.423
抑郁	2.16 ± 0.71	2.25 ± 0.69	− 0.66	0.513
焦虑	2.46 ± 0.85	2.58 ± 0.80	− 0.75	0.458
学习压力	2.68 ± 0.94	2.63 ± 0.83	0.33	0.745
适应不良	2.48 ± 0.79	2.61 ± 0.70	− 0.83	0.390
情绪不平衡	2.53 ± 0.89	2.71 ± 0.68	− 1.10	0.275
心理不平衡	2.05 ± 0.72	2.14 ± 0.68	− 0.63	0.530
心理健康总分	2.26 ± 0.64	2.42 ± 0.55	− 1.26	0.210

二　网络利他行为提升实验效果的检验

为检验青少年网络利他行为提升的实验效果，特对实验组与对照组的网络利他行为后测情况进行独立样本 t 检验（见表 10—3）。由表 10—3 可知，实验组的网络支持（$t = 1.99$，$p < 0.05$）和网络分享（$t = 2.01$，$p < 0.05$）得分显著高于对照组，实验组的网络利他行为总分也高于对照组，并达到边缘显著水平（$t = 1.87$，$p = 0.064$），实验组和对照组在网络指导和网络提醒上的得分差异不显著。提示本实验设计的班级团体辅导活动显著地促进了被试网络利他行为水平的提高，尤其是网络支持和网络分享水平的显著提高。

为进一步检验实验操作的效果，本章分别以性别（男生和女生）和网龄（以网龄的平均值为界，平均值以上的为高网龄组，平均值以下的为低网龄组）为分组变量，对实验组和对照组的网络利他行为的得分进行独立样本 t 检验（见表 10—4）。结果发现：实验组和对照组的女生在网络利他行为总分及其四个维度上的得分均存在显著差异，而男生在网络利他行为总分及其四个维度上的得分差异均不显著；实验组和对照组的高网龄被试在网络利他行为总分及其四个维度上的得分均不存在显著差异，低网龄被试在网络支持、网络指导和网络利他行为总分上均存在显著差异。这表明对女生和低网龄被试来讲，实验的处理效果非常显著，而对男生和高网龄被试来说，实验的处理效果不显著。

表 10—3　实验组和对照组网络利他行为后测差异比较（$M \pm SD$）

因子	实验组	对照组	t	p
网络支持	2.66 ± 0.75	2.34 ± 0.71	1.99	0.048
网络指导	2.05 ± 0.63	1.89 ± 0.67	1.23	0.223
网络分享	2.30 ± 0.74	1.97 ± 0.63	2.01	0.045
网络提醒	2.22 ± 0.85	1.98 ± 0.78	1.38	0.172
网络利他行为总分	2.29 ± 0.66	2.05 ± 0.62	1.87	0.064

表 10—4　实验组和对照组不同群体网络利他行为后测差异比较（$M \pm SD$）

	组别	网络支持	网络指导	网络分享	网络提醒	网络利他行为总分
男生	实验组（n = 30）	2.44 ± 0.76	1.95 ± 0.69	2.13 ± 0.75	2.12 ± 0.88	2.16 ± 0.68
	对照组（n = 29）	2.47 ± 0.66	1.98 ± 0.63	2.06 ± 0.59	2.19 ± 0.79	2.18 ± 0.58
	t	− 0.18	− 0.20	0.38	− 0.34	− 0.11
女生	实验组（n = 18）	2.98 ± 0.62	2.22 ± 0.49	2.48 ± 0.68	2.38 ± 0.78	2.52 ± 0.57
	对照组（n = 19）	2.14 ± 0.85	1.73 ± 0.73	1.84 ± 0.69	1.64 ± 0.65	1.84 ± 0.64
	t	3.43 **	2.39 *	2.76 **	3.06 **	3.34 **

续表

	组别	网络支持	网络指导	网络分享	网络提醒	网络利他行为总分
高网龄组	实验组（n = 23）	2.64 ± 0.81	2.16 ± 0.72	2.34 ± 0.84	2.25 ± 0.86	2.35 ± 0.74
	对照组（n = 22）	2.62 ± 0.73	2.25 ± 0.65	2.11 ± 0.62	2.12 ± 0.675	2.27 ± 0.56
	t	0.07	− 0.44	1.07	0.58	0.38
低网龄组	实验组（n = 25）	2.65 ± 0.71	1.95 ± 0.53	2.18 ± 0.64	2.18 ± 0.85	2.24 ± 0.59
	对照组（n = 26）	2.11 ± 0.69	1.58 ± 0.53	1.87 ± 0.63	1.88 ± 0.87	1.86 ± 0.61
	t	2.74 **	2.50 *	1.72	1.28	2.27 *

三　网络利他行为对心理健康的影响

实验组被试网络利他行为水平的提升会促进其心理健康水平的提高吗？为检验网络利他行为对青少年心理健康的影响，特对实验组与对照组的心理健康后测情况进行独立样本 t 检验（见表10—5）。表10—5结果显示：实验组在强迫（$t = − 3.04$，$p < 0.01$）、敌对（$t = − 2.02$，$p < 0.05$）、人际关系紧张与敏感（$t = − 1.99$，$p < 0.05$）、焦虑（$t = − 2.01$，$p < 0.05$）等因子上的得分显著低于对照组；在偏执、抑郁、学习压力、适应不良、情绪不平衡、心理不平衡等因子上，两组不存在显著差异。这提示了实验组由于网络利他行为水平的提高，从而导致其在强迫、敌对、人际关系紧张与敏感、焦虑等方面有了较大的改善，提高了其心理健康水平。

表10—5　　　实验组和对照组心理健康后测差异比较 （$M ± SD$）

因子	实验组	对照组	t	p
强迫	2.18 ± 0.56	2.58 ± 0.73	− 3.04	0.003
偏执	2.07 ± 0.65	2.19 ± 0.70	− 0.83	0.408
敌对	1.80 ± 0.61	2.11 ± 0.77	− 2.02	0.042

续表

因子	实验组	对照组	t	p
人际关系紧张与敏感	2.06 ± 0.71	2.36 ± 0.81	-1.99	0.047
抑郁	2.26 ± 0.86	2.24 ± 0.72	0.11	0.915
焦虑	2.28 ± 0.80	2.63 ± 0.81	-2.01	0.045
学习压力	2.54 ± 0.81	2.47 ± 0.71	0.47	0.640
适应不良	2.49 ± 0.79	2.58 ± 0.64	-0.62	0.540
情绪不平衡	2.48 ± 0.76	2.57 ± 0.81	-0.52	0.605
心理不平衡	1.95 ± 0.67	2.09 ± 0.73	-0.96	0.342
心理健康总分	2.22 ± 0.61	2.37 ± 0.59	-1.22	0.225

第四节 讨论

一 班级团体辅导对青少年网络利他行为的促进作用

本章的实验结果显示，班级团体辅导活动有效地促进了青少年网络利他行为水平的提高，表明我们的实验研究是有效的，利用班级团体辅导方法来促进网络利他行为是可行的。在本章中，笔者精心设计了班级团体辅导活动的内容，让学生了解和熟悉网络利他行为的内涵与表现形式，从网络利他行为的影响因素方面着手，提高学生网络利他行为的动机，辅导学生掌握网络利他行为的一些常用技能，并进行网络利他行为的实践操作。在团体辅导过程中，指导者努力创造一个宽松的活动空间和氛围，采用多种形式调动学生参与活动的积极性，鼓励学生相互学习，交流经验，积极地去网络上实践一些助人的技巧。可以说，本章的班级团体辅导方案的设计针对性较强，有的放矢，所以能取得较显著的效果。另外，从《团体辅导意见反馈表》也可以看出，很多学生反映他们在团体辅导中学到了很多网络利他行为的技能，并能主动地将学到的知识和技能应用到网络实践中去。同时，学生在网上助人之后获得了原先不曾有过的快乐感和满足感，这又进一步强化了学生的网络利他行为。

本章又以性别和网龄为分组变量，对实验组和对照组的网络利他行为的得分进行检验，结果发现：女生的网络利他行为得分存在显著差异，而男生的差异不显著；低网龄被试的网络利他行为得分存在显著差异，而高网龄被试的差异不显著。这表明实验的处理效果对女生和低网龄被试非常显著，对男生和高网龄被试则不显著。有研究报道，女生上网时间显著少于男生（胡志海，2007）。还有研究显示，女生的网络利他行为显著少于男生，在网上主动提供帮助的多为男生（Wallace，2001；郑显亮，2013）。女生网络利他行为少的原因可能是因为上网时间少、网络交往经验不足而导致欠缺一些网络利他的技能。通过班级团体辅导的引导与训练，女生逐渐掌握了网络利他的技能，增强了网络利他的动机，所以网络利他行为有了显著的提高。而男生本来就掌握了一些网络利他的技能，他们的网络利他行为在原先就有了一定的水平，所以班级团体辅导对他们网络利他行为水平的提高影响不大。类似的，低网龄被试由于上网时间少，网络经验欠缺，通过班级团体辅导之后，网络交往经验和技能得到较大的改善，网络利他行为就有了显著提高。而高网龄被试由于原先就有了较丰富的网络交往经验，有一定的网络利他技能，所以实验的处理效果就不那么显著了。

二　网络利他行为对青少年心理健康的促进作用

通过对实验组与对照组的心理健康后测情况进行比较，结果发现实验组在强迫、敌对、人际关系紧张与敏感、焦虑等因子上的得分显著低于对照组，表明实验组由于网络利他行为水平的提高而促进了其心理健康水平。网络利他行为作为一种积极的社会行为，能给利他者带来愉悦感、满足感、成就感等积极情绪体验。积极情绪是与个体需要的满足相联系的、伴随主观愉悦体验的情绪（孟昭兰，2005），很多研究表明，积极情绪与个体的心理健康有着较密切的关系（Seale, et al., 2010; Steptoe, Dockray & Wardle, 2009）。另外，有研究显示，网络利他行为与自尊、网络社会支持都存在显著的正相关，网络利他行为水平越高，自尊水平越高，在网络中获得的社会支持也越多（郑显亮，2013）。而自尊被认为是心理健康的核心（Taylor & Brown，1988）。社会支持作为一种重要的环境资源，有助于个体应付环境中的角色冲突及各种困扰（Manne，Taylor & Dougherty，1997），能扭转人们对困境的不利评价并促使人们采用有效的心理调节策略，从而促进个体的心理健康（Manne，1999）。因此，青少年网络利他行为水平的提高，能积极地促进其心理健康水平的提高。

三 教育建议

当今，网络已成为青少年日常生活中不可缺少的一部分，青少年在网络环境中也表现出了很多利他行为。网络利他行为是青少年网络人际关系的润滑剂，有利于建立和睦的网络人际关系和健康文明的网络环境。本实验研究表明，对青少年网络利他行为进行适当的引导和训练，可显著地提高青少年的网络利他行为水平，并能有效促进其心理健康。因此，在当今的网络时代，学校、家庭和社会不仅要关心青少年在现实生活中的所作所为，而且对青少年在网络环境中的所作所为也要给予关注；不仅对青少年在网络中表现出来的一些消极行为（如网络成瘾、网络攻击、网络色情等）要给予关注，更要鼓励和引导青少年在网络中实施一些力所能及的利他行为，教给他们一些网络利他的技能，让他们分享网络利他行为所带来的积极情绪体验，这不仅能提高青少年的网络人际交往能力，还能有效促进青少年身心的健康成长。

第五节 结论

（1）实验组的网络支持、网络分享和网络利他行为总分均显著高于对照组，表明本章的班级团体辅导干预有利于青少年网络利他行为水平的提高。

（2）对实验组和对照组的网络利他行为得分的检验结果发现，女生的网络利他行为得分存在显著差异，而男生的差异不显著；低网龄被试的网络利他行为得分存在显著差异，而高网龄被试的差异不显著。表明实验的处理效果对女生和低网龄被试非常显著，对男生和高网龄被试则不显著。

（3）实验组在强迫、敌对、人际关系紧张与敏感、焦虑等因子上的得分显著低于对照组，表明网络利他行为可显著促进青少年的心理健康。

第十一章

总结与展望

第一节　本书的主要研究及结论

在当今的信息时代，互联网已成为人际交流的重要手段，所以人们在网络交往与互动中的心理和行为成了学者们研究的热点。随着积极心理学的发展，网络利他行为作为积极心理学的一个重要主题也引起了研究者的兴趣与关注。研究者不再仅仅关注网络交流互动给人们带来的消极影响，而把研究的兴趣延伸到网络给人们带来的益处。以往对网络利他行为的研究只是对其特征、形式、结构、影响因素等方面的探讨（Amichai-Hamburger & Furnham，2007；Joinson，2003；Whitty & Joinson，2009；丁迈、陈曦，2009；郑显亮，2010），而未关注网络利他行为对助人者自身的影响。基于此，本书以青少年为对象，采用质性研究、问卷和实验等多种实证研究方法系统地开展了网络利他行为对青少年的道德发展、人格特质、主观幸福感和心理健康等方面的影响及其作用机制研究。本书研究结果发现，网络利他行为有力地促进了青少年的道德发展，能显著预测青少年的乐观人格、感恩、希望、谦虚等积极人格特质，能显著提高青少年的主观幸福感和心理健康水平。本书开展的具体研究及其研究结论概述如下。

一 网络利他行为影响青少年道德发展的质性研究

在江西省赣南地区抽取 3 所中学，对其初二和高二年级的学生进行网络利他行为量表的测试，根据测试结果共选取了 24 位网络利他行为得分高的学生。然后对这 24 位学生进行深度访谈，对访谈内容进行整理和分析，结果发现：（1）青少年网络利他行为的内容大多和学习有关，其表现形式主要有网络指导、网络分享、网络支持和网络提醒。（2）网络利他行为对青少年道德发展的影响主要表现为：促进了青少年的社会责任感、家庭责任感和班级责任感；增强了对道德事件的情感觉察与体验；更愿意在现实生活中帮助别人，帮助别人的形式更为多样；更加客观公正地评判行为，形成了自己的更加符合社会规范的道德判断标准。

二 网络利他行为对青少年人格特质的影响机制研究

（一）网络利他行为与乐观人格的关系：网络社会支持的中介作用

在江西省随机抽取 352 名大学生为被试者，采用乐观人格量表、网络利他行为量表和网络社会支持问卷，考察网络社会支持在网络利他行为影响乐观人格中的中介作用。结果表明：（1）乐观人格、网络利他行为和网络社会支持间均存在显著正相关；（2）分层回归分析结果表明，网络利他行为和网络社会支持均能显著预测乐观人格，网络社会支持在网络利他行为影响乐观人格的关系中起部分中介作用。

（二）网络利他行为对乐观人格的影响：积极情绪的中介作用

以 655 名中学生为被试者，采用乐观人格量表、网络利他行为量表和积极情感量表进行问卷调查，考察网络利他行为对乐观人格的影响及积极情绪在其中的中介作用。结果表明：（1）网络利他行为、积极情绪和乐观人格三者之间的正相关显著；（2）分层回归分析结果显示，网络利他行为和积极情绪均能显著预测乐观人格，积极情绪在网络利他行为影响乐观人格的关系中起部分中介作用。

（三）网络利他行为与感恩的关系：移情的作用

采用感恩问卷、网络利他行为量表和移情量表对 282 名中学生进行调查，考察了青少年网络利他行为与感恩的关系，以及移情在其中的作用。结果表明：（1）青少年感恩与网络利他行为、移情之间均存在显著正相关；（2）移情在青少年网络利他行为与感恩之间的作用中存在完全中介效应；（3）移情不是调节变量，不会显著影响青少年网络利他行为与感恩之间关系的强度和方向。

（四）网络利他行为与希望的关系：自我效能感与自尊的中介作用

采用希望特质量表、网络利他行为量表、自尊量表和一般自我效能感量表对 326 名中学生进行调查，考察中学生网络利他行为对其希望的影响，以及自我效能感和自尊在其中的中介作用。结果发现：（1）相关分析显示，中学生网络利他行为、自我效能感、自尊和希望之间呈显著正相关。（2）结构方程模型分析表明，自我效能感在中学生网络利他行为对希望的影响中起完全中介作用；自尊在中学生网络利他行为对希望的影响中不起中介作用；自我效能感和自尊在中学生网络利他行为对希望的影响中起链式中介作用。

（五）网络利他行为与谦虚的关系：核心自我评价的中介作用

采用问卷法以 372 名大学生为被试探讨了网络利他行为、核心自我评价和谦虚之间的关系。结果发现：（1）大学生谦虚的整体水平属中上水平，大学生普遍存在谦虚现象；（2）相关分析显示，大学生网络利他行为与谦虚情绪、核心自我评价呈显著正相关，与谦虚动机呈显著负相关；（3）结构方程模型分析表明，核心自我评价在大学生网络利他行为对谦虚的影响中起完全中介作用。

三　网络利他行为对青少年主观幸福感的影响机制研究

（一）网络利他行为对主观幸福感的影响：有调节的中介效应

采用网络测验法对 887 名青少年进行调查，运用"总效应调节模型"方法，探讨了网络利他行为对青少年主观幸福感的影响及其内在作用机制。结果发现：（1）网络社会支持对网络利他行为与主观幸福感的关系具有部分中介效应；（2）责任感对网络社会支持的中介作用具有调节效应，责任感调节了中介作用的后半路径，具体来讲，网络社会支持对主观幸福感的正向效应随责任感的增加而增强。因此，网络利他行为对主观幸福感的影响是有调节的中介效应。

（二）网络利他行为与主观幸福感的关系：有中介的调节效应

对1376名中学生进行问卷调查，考察网络利他行为、自尊、自我效能感和主观幸福感之间的关系。结果发现：（1）网络利他行为对主观幸福感有显著的正向预测作用；（2）自尊对网络利他行为与主观幸福感的关系具有调节效应，自尊对网络利他行为与自我效能感的关系具有调节效应；（3）自我效能感在自尊对网络利他行为和主观幸福感关系的调节效应中起完全中介作用。

四　网络利他行为影响青少年心理健康的实验研究

为探讨网络利他行为对青少年心理健康的影响，特在赣州市某中学随机选取2个平行班级，1个为实验组，1个为对照组，对实验组实施10次班级团体辅导干预活动，对照组不做任何干预。结果发现：（1）实验组的网络支持、网络分享和网络利他行为总分均显著高于对照组；（2）班级团体辅导对女生和低网龄被试的干预效果非常显著，对男生和高网龄被试的干预效果则不显著；（3）实验组在强迫、敌对、人际关系紧张与敏感、焦虑等因子上的得分显著低于对照组。研究认为，班级团体辅导干预有利于青少年网络利他行为水平的提高，网络利他行为可显著促进青少年的心理健康。

第二节　本书的创新之处

一　选题具有创新性

本书把网络利他行为作为研究主题，不同于以往网络心理学关注网络给人们带来的消极影响，诸如网络成瘾、网络色情、网络攻击等，而是探讨网络给人们带来的积极影响，丰富了积极心理学的研究内容。可以说，网络利他行为是网络心理行为研究的前沿课题，对其研究符合党的十八大精神及和谐社会主旋律，具有重要的现实意义，因此选题具有创新性。

二　研究内容的创新

对网络利他行为的研究，以往文献主要关注网络利他行为的特征、表现形式、结构维度和影响因素等，而本书系统考察网络利他行为对青少年心理发展的影响机制，把关注点集中在网络利他行为对助人者心理发展的影响上。可以说，以往研究只是对网络利他行为的前因变量进行了探讨，但本书则对网络利他行为的后果变量进行了系统考察，是对该研究领域的深入与延伸。

三　综合应用多种研究方法

以往对网络利他行为的研究主要采用现象描述、经验归纳以及少数的问卷调查的实证探讨，本书则根据"量化研究与质化研究相结合"的原则，综合运用了文献法、质性研究法、问卷法和实验法。本书既有质性分析，又有量化考察；问卷调查既有线下的纸质问卷调查，也有线上的网络问卷调查。可以说，本书注意到了数据来源的多样性和客观化，提高了研究的信度和效度，有效地探索了变量之间真实的关系。

第三节 未来研究展望

一 开展网络利他行为的纵向研究

本书采用了质性研究、问卷调查和实验研究方法系统考察了网络利他行为对青少年影响的社会心理机制，在研究方法上更多的是采用横断研究设计。横断研究设计能较好地探讨变量之间的相关关系，但不能清晰地反映各变量随时间变化的趋势，无法推断变量间的因果关系，因此未来研究很有必要进行纵向追踪研究，以便更好地探明网络利他行为对青少年影响的时间发展趋势及其原因。

二 开展网络利他行为各维度的细化研究

网络利他行为涉及 4 个维度：网络支持、网络指导、网络分享和网络提醒，目前的研究还只是对网络利他行为整体的探讨，还缺少对不同维度的深入研究。本书发现，青少年最主要的网络利他行为是网络指导和网络分享。可以说，青少年在网络利他行为 4 个维度上的特点存在不同，不同的网络利他行为对青少年的影响也可能存在差异，这些都有待今后进行更深入的研究。

三 开展专门领域的网络利他行为的研究

国外已有学者对聊天室、电子邮件、网络支持小组等专门领域的网络利他行为进行探讨，但国内未见相关研究报告。由于各专门领域的特点及其环境氛围不同，进入该专门领域的人群的特点与人数也不一样，所以在各专门领域发生的网络利他行为也会不同。因此，今后有必要对诸如微信、博客、QQ 在线、聊天室、网络游戏、电子邮件、虚拟社区等专门领域的网络利他行为进行深入的探讨。

参考文献

Adam, M. , Francesca, G. , "A little thanks goes a long way: Explaining why gratitude expressions motivate prosocial behavior", *Journal of Personality and Social Psychology*, Vol. 98, No. 6, 2010.

Akintola, O. , "Perceptions of rewards among volunteer caregivers of people living with AIDS working in faith-based organizations in South Africa: A qualitative study", *Journal of the International AIDS Society*, Vol. 13, No. 12, 2010.

Amichai-Hamburger, Y. , Furnham, A. , "The positive net", *Computers in Human Behavior*, Vol. 23, No. 2, 2007.

Amichai-Hamburger, Y. , *The Social Net: Human Behavior in Cyberspace*, Oxford: Oxford University Press, 2005.

Amichai-Hamburger, Y. , "Potential and promise of online volunteering", *Computers in Human Behavior*, Vol. 24, No. 2, 2008.

Anne, M. , Brenda, S. , Josh. L. , Brenda. J. S. , *Associates.* , *Understanding the role of volunteerism in creating social inclusion*, Canada: South West Communities Source Center, 2011.

Anne, M. , Ulla, K. , Taru, F. , "Self-esteem, dispositional optimism and health: Evidence from cross-lagged data on employees", *Journal of Research in Personality*, Vol. 38, No. 6, 2004.

Ashford, S. J. , Tsui, A. S. , "Self-regulation for managerial effectiveness:

The role of active feedback seeking", Academy of Management Journal, Vol. 34, No. 2, 1991.

Averill, J. R. , Catlin, G. , Chon, K. K. , *Rules of Hope*, New York: Springer-Verlag, 1990.

Bandura, A. , Barbaranelli, C. , Caprara, G. V. , Pastorelli, C. , "Self-efficacy beliefs as shapers of children's aspirations and career trajectories", *Child Development*, Vol. 72, No. 1, 2001.

Bandura, A. , *Self-efficacy in Changing Societies*, Cambridge: Cambridge University Press, 1995.

Bandura, A. , *Self-efficacy: The Exercise of Control*, New York: Freeman, 1997.

Barron, G. , Yeehiam, E. , "Private e-mail requests and the diffusion of responsibility", *Computers in Human Behavior*, Vol. 18, No. 5, 2002.

Barrows, J. , Dunn, S. , Lloyd, C. A. , "Anxiety, self-efficacy, and college exam grades", *Universal Journal of Educational Research*, Vol. 1, No. 3, 2013.

Bartlett, M. Y. , DeSteno, D. , "Gratitude and prosocial behavior", *Psychological Science*, Vol. 17, No. 4, 2006.

Bekkers, R. , "Participation in voluntary associations, relations with resources, personality, and political values", *Political Psychology*, Vol. 26, No. 3, 2005.

Binder, M. , "Subjective well-being capabilities: Bridging the gap between the capability approach and subjective well-being research", *Journal of Happiness Studies*, Vol. 15, No. 5, 2014.

Bogg, T. , Roberts, B. W. , "Conscientiousness and health-related behaviors: A meta- analysis of leading behavioral contributors to mortality", *Psychology Bulletin*, Vol. 130, No. 6, 2004.

Bond, M. H. , Leung, K. , Wan, K. C. , "The social impact of self-effacing attributions: The Chinese case", *Journal of Social Psychology*, Vol. 118, No. 2, 1982.

Bono, G., Froh, J. J., "Gratitude in school: Benefits to students and schools", In Gilman, R., Huebner, E. S., Furlong, M. J. (Eds.), *Handbook of Positive Psychology in Schools*, New York: Routledge, 2009.

Borgonovi, F., "Divided we stand, united we fall: Religious pluralism, giving and volunteering", *American Sociological Review*, Vol. 73, No. 1, 2008.

Bradshaw, J., Martorano, B., Natali, L., Neubourg, C., "Children's subjective well-being in rich countries", *Child Indicators Research*, Vol. 6, No. 4, 2013.

Breznitz, S., "The effect of hope on coping with stress", In Appley, M. H., Trumbull, P. (Eds.), *Dynamicus of Stress: Physiological, Psychological, and Social Perspectives*, New York: Plenum Press, 1986.

Brown, K. M., Hoye, R., Nicholson, M., "Self-esteem, self-efficacy, and social connectedness as mediators of the relationship between volunteering and well-being", *Journal of Social Service Research*, Vol. 38, No. 4, 2012.

Campbell, A., Converse, P., Rodgers, W. L., *The quality of American life: Perceptions, Evaluations and Satisfactions*, New York: Russell Sage Foundation, 1976.

Caprara, G. V., Steca, P., Gerbino, M., Pacielloi, M., Vecchio, G. M., "Looking for adolescents' well-being: Self-efficacy beliefs as determinants of positive thinking and happiness", *Epidemiology and Social Psychiatry*, Vol. 15, No. 1, 2006.

Caprara, G. V., Steca, P., "Affective and social self-regulatory efficacy beliefs as determinants of positive thinking and happiness", *European*

Psychologist, Vol. 10, No. 4, 2005.

Chang, E. C., Sanna, L. J., Yang, K. M., "Optimism, pessimism, affectivity, and psychological adjustment in US and Korea: A test of a mediation model", *Personality and Individual Differences*, Vol. 34, No. 7, 2003.

Chih-Chien, W., Chia-Hsin, W., "Helping others in online games: Prosocial behavior in cyberspace", *Cyberpsychology Behavior*, Vol. 11, No. 3, 2008.

Christina, F., Bodil, E., "The value of combining qualitative and quantitative approaches in nursing research by means of method triangulation", *Journal of Advanced Nursing*, Vol. 40, No. 2, 2002.

Chu, P. S., Saucier, D. A., Hafner, E., "Meta-analysis of the relationships between social support and well-being in children and adolescents", *Journal of Social and Clinical Psychology*, Vol. 29, No. 6, 2010.

Cindy, D., "Online social support: An effective means of mediating stress", *Psychology*, Vol. 2, No. 2, 2010.

Clark, S., "Voluntary work benefits mental health", *A Life in the Day*, Vol. 7, No. 1, 2003.

Claudio, S., Midgett, H. A., Pacico, J. C., Bastianello, M. R., Zanon, C., "The relationship of hope, optimism, self-esteem, subjective well-being, and personality in Brazilians and Americans", *Psychology*, Vol. 5, No. 6, 2014.

Cohen, K., Cairns, D., "Is searching for meaning in life associated with reduced subjective well-being? Confirmation and possible moderators", *Journal of Happiness Studies*, Vol. 13, No. 2, 2012.

Creswell, J. W., *Research Design: Qualitative Quantitative Approaches*, Newbury park: sage, 1994.

Cummings, J. N. , Sproull, L. , Kiesler, S. , " Beyond hearing: Where real world and online support meet", *Group Dynamics: Theory, Research and Practice*, Vol. 6, No. 1, 2002.

Datu, J. A. , "Be happy and believe in your capacity: Establishing link between subjective well-being and self -efficacy among Filipino adolescents", *International Journal of Research Studies in Psychology*, Vol. 2, No. 3, 2012.

Davidson, O. B. , Feldman, D. B. , Margalit, M. , "A focused intervention for 1st-year college students: Promoting hope, sense of coherence, and self-efficacy", *The Journal of Psychology: Interdisciplinary and Applied*, Vol. 146, No. 3, 2012.

Day, L. , Hanson, K. , Maltby, J. , Proctor, C. , Wood, A. , "Hope uniquely predicts objective academic achievement above intelligence, personality, and previous academic achievement", *Journal of Research in Personality*, Vol. 44, No. 4, 2010.

Denzin, N. K. , Lincoln, Y. S. , *Handbook of Qualitative Research*, Thousand Oaks: Sage, 1994.

Diener, E. , Biswas-Diener, R. , *Happiness: Unlocking the Mysteries of Psychological Wealth*, Malden: Blackwell Publishing, 2008.

Diener, E. , Ryan, K. , "Subjective well-being: A general overview", *South African Journal of Psychology*, Vol. 39, No. 4, 2009.

Diener, E. , Suh, E. M. , Lucas, R. E. , Smith, H. L. , "Subjective well-being: Three decades of progress", *Psychological Bulletin*, Vol. 125, No. 2, 1999.

Diener, E. , " Subjective well-being", Psychological Bulletin, Vol. 95, No. 3, 1984.

Dogan, T. , Totan, T. , Sapmaz, F. , "The role of self-esteem, psychological well-being, emotional self-efficacy, and affect balance on happiness: A path model", *European Scientific Journal*, Vol. 9, No. 20, 2013.

Eagly, A. H., Crowley, M., "Gender and helping behavior: A metaanalytic review of the social psychological literature", *Psychological Bulletin*, Vol. 100, No. 3, 1986.

Edwards, J. R., Lambert, L. S., "Methods for integrating moderation and mediation: A general analytical framework using moderated path analysis", *Psychological Methods*, Vol. 12, No. 1, 2007.

Eisenberg, N., Guthie, I. K., "Prosocial development in early adulthood: A longitudinal study", *Journal of Personality and Social Psychology*, Vol. 82, No. 6, 2002.

Emmons, R. A., McCullough, M. E., "Counting blessings versus burdens: An experimental investigation of gratitude and subjective well-being in daily life", *Journal of Personality and Social Psychology*, Vol. 84, No. 2, 2003.

Emmons, R. A., Shelton, C. M., "Gratitude and the science of positive psychology", In Synder, C. R., Lopez, S. J. (Eds.), *Handbook of Positive Psychology*, New York: Oxford University Press, 2005.

Finfgeld, D. L., "Therapeutic groups online: The good, the bad, and the unknown", *Issues in Mental Health Nursing*, Vol. 21, No. 3, 2000.

Ford, M. B., Collins, N. L., "Self-esteem moderates neuroendocrine and psychological response to interpersonal rejection", *Journal of Personality and Social Psychology*, Vol. 98, No. 3, 2010.

Fredrickson, B. L., Cohn, M. A., Coffey, K. A., Pek, J., Finkel, S. M., "Open hearts build lives: Positive emotions, induced through loving-kindness meditation, build consequential personal resources", *Journal of Personality and Social Psychology*, Vol. 95, No. 5, 2008.

Fredrickson, B. L., "The role of positive emotions in positive psychology: The broaden and build theory of positive emotions", *American Psychol-*

ogist, Vol. 56, No. 3, 2001.

Graham, S., "Children's developing understanding of the motivational role of affect: An attributional analysis", *Cognitive Development*, Vol. 22, No. 3, 1998.

Grant, A. M., Gino, F., "A little thanks goes a long way: Explaining why gratitude expressions motivate prosocial behavior", *Journal of Personality and Social Psychology*, Vol. 98, No. 6, 2010.

Gregory, T. H., Heather, L. P., "Relationships among optimism, coping styles psychopathology, and counseling outcome", *Personality and Individual Differences*, Vol. 36, No. 8, 2004.

Grube, J. A., Piliavin, J. A., "Role identity, organizational experiences and volunteer performance", *Personality and Social Psychology Bulletin*, Vol. 26, No. 9, 2000.

Hans, B., Lena, J., "Perspective taking, empathy, and personal behavior", *Late Childhood Child Study Journal*, Vol. 22, No. 1, 1992.

Heaven, P., Ciarrochi, J., "Parental styles, gender and the development of hope and self-esteem", *European Journal of Personality*, Vol. 22, No. 8, 2008.

Hoobler, J. M., Brass, D. J., "Abusive supervision and family undermining as displaced aggression", *Journal of Applied Psychology*, Vol. 91, No. 5, 2006.

Isen, A. M., "A role of neuropsychology in understanding the facilitate influence of positive affect on social behavior and cognitive process", In Synder, C. R., Lopez, S. J. (Eds.), *Handbook of Positive Psychology*, New York, NY: Oxford University Press, 2002.

Jacob, C., Jolly, J., "Impact of self efficacy on motivation and performance of employees", *International Journal of Business and Management*, Vol. 8, No. 14, 2013.

James, L. R. , Brett, J. M. , "Mediators, moderators, and tests for mediation" , *Journal of Applied Psychology* , Vol. 69 , No. 2 , 1984.

Joinson, A. N. , *Understanding the Psychology of Internet Behavior : Virtual Worlds , Real Lives* , London : Palgrave Macmillan , 2003.

Judge, T. A. , Locke, E. A. , Durham, C. C. , Kluger, A. N. , "Dispositional effects on job and life satisfaction : The role of core evaluations" , *Journal of Applied Psychology* , Vol. 83 , No. 1 , 1998.

Judge, T. A. , Locke, E. A. , Durham, C. C. , "The dispositional causes of job satisfaction : A core evaluations approach" , *Research in Organizational Behavior* , Vol. 19 , No. 1 , 1997.

Judge, T. A. , "Core self-evaluations and work success" , *Current Directions in Psychological Science* , Vol. 18 , No. 1 , 2009.

Kammeyer-Mueller, J. D. , Judge, T. A. , Scott, B. A. , "The role of core self-evaluations in the coping process" , *Journal of Applied Psychology* , Vol. 94 , No. 1 , 2009.

Karl, S. , Wolfgang, K. , "The assessment of components of optimism by POSO-E" , *Personality and Individual Difference* , Vol. 31 , No. 4 , 2001.

Kendall, L. , *Hanging Out in the Virtual Pub : Masculinities and Relationships Online* , Berkeley : University of California Press , 2002.

Kristin, M. B. H. , Abigail, A. M. , "Geographical difference in subjective well-being predict extraordinary altruism " , *Psychological Science* , Vol. 3 , No. 25 , 2014.

Krueger, R. F. , Hicks, B. M. , McGue, M. , "Altruism and antisocial behavior : Independent tendencies, unique personality correlates, distinct etiologies" , *Psychological Science* , Vol. 12 , No. 5 , 2001.

Laura, L. P. , Stephen, G. G. , "Leadership self-efficacy and managers' motivation for leading change" , *Journal of Organizational Behavior* , Vol. 23 , No. 2 , 2002.

Lawrence,A. P. ,Oliver,P. J. 主编:《人格手册:理论与研究（上册）》，黄希庭主译,华东师范大学出版社 2003 年版,第 176 页。

Lazarus,R. S. ,Lazarus,B. N. ,*Passion and Reason：Making Sense of Our Emotions*,New York：Oxford University Press,1994.

Lee,K. ,Xu,F. ,Fu,G. ,Cameron,C. A. ,Chen,S. ,"Taiwan and Mainland Chinese and Canadian children's categorization and evaluation of lie- and truth-telling：A modesty effect",*British Journal of Developmental Psychology*,Vol. 19,No. 4,2001.

Lent,R. W. ,Singley,D. ,Sheu,H. B. ,Gainor,K. A. ,Brenner,B. R. ,Treistman,D. ,et al. ,"Social cognitive predictors of domain and life satisfaction：Exploring the theoretical precursors of subjective well-being",*Journal of Counseling Psychology*,Vol. 52,No. 3,2005.

Lightsey,J. O. ,Burke,M. ,Ervin,A. ,"Generalized self-efficacy,self-esteem,and negative affect",*Canadian Journal of Behavioural Science/Revue Canadiennedes Sciences du Comportement*,Vol. 38,No. 1,2006.

Lorig,K. R. ,Laurent,D. D. ,Deyo,R. A. ,Marnell,M. E. ,Minor,M. A. ,Ritter,P. L. ,"Can a back pain e-mail discussion group improve health status and lower health care costs?",*Archives of Internal Medicine*,Vol. 162,No. 7,2002.

Luszczynska,A. ,Gutiérrez-Doña,B. ,Schwarzer,R. ,"General self-efficacy in various domains of human functioning：Evidence from five countries",*International Journal of Psychology*,Vol. 40,No. 2,2005.

MacKinnon, D. P. , Lockwood, C. M. , Hoffman, J. M. , West, S. G. , Sheets,V. ,"A Comparison of methods to test mediation and other intervening variable effects",*Psychological Methods*,Vol. 7,No. 1,2002.

Manne,S. ,"Intrusive thoughts and psychological distress among cancer patients：The role of spouse avoidance and criticism",*Journal of Consulting and Clinical Psychology*,Vol. 67,No. 4,1999.

Manne, S. L. , Taylor, K. L. , Dougherty, J. , "Supportive and negative responses in the partner relationship: Their association with psychological adjustment among individuals with cancer", *Journal of Behavioral Medicine*, Vol. 20, No. 1, 1997.

Marieke, V. W. , "Differential benefits of volunteering across the life course", *The Journals of Gerontology: Series B*, Vol. 55, No. 5, 2000.

Markey, P. , "By stander intervention in computer-mediated communication", *Computers in Human Behavior*, Vol. 16, No. 2, 2000.

Marsh, H. W. , Scalas, L. F. , Nagengast, B. , "Longitudinal tests of competing factor structures for the Rosenberg Self-esteem Scale: Traits, ephemeral artifacts, and stable response styles", *Psychological Assessment*, Vol. 22, No. 2, 2010.

McCrae, R. R. , Costa, P. T. , "Adding liebe und arbeit: The full five-factor model and well-being", *Personality and Social Psychology Bulletin*, Vol. 17, No. 2, 1991.

McCullough, M. , Kilpatrick, S. , Emmons, R. , Larson, D. , "Is gratitude a moral affect?", *Psychological Bulletin*, Vol. 127, No. 2, 2001.

McKenna, K. Y. , Bargh, J. A. , "Plan 9 from cyberspace: The implications of the internet for personality and social psychology", *Personality and Social Psychology Review*, Vol. 4, No. 1, 2000.

Mellor, D. , Hayashi, Y. , Stokes, M. , Firth, L. , Lake. L. , Staples, M. , et al. , "Volunteering and its relationship with personal and neighbourhood well-being", *Nonprofit and Voluntary Sector Quarterly*, Vol. 38, No. 1, 2009.

Mezuk, B. , Roux, A. V. D. , Seeman, T. , "Evaluating the buffering vs. direct effects hypotheses of emotional social support on inflammatory markers: The multi-ethnic study of atherosclerosis", *Brain, Behavior, and Immunity*, Vol. 24, No. 8, 2010.

Michelle, F. , Wright, Y. L. , "The associations between young adults' face-to-face prosocial behaviors and their online prosocial behaviors", *Computers in Human Behavior*, No. 5 , 2011.

Morrow, S. L. , "Qualitative research in counseling psychology: Conceptual foundations", *Counseling Psychologist*, Vol. 35 , No. 2 , 2007.

Moskowitz, J. T. , Epel, E. S. , Acree, M. , "Positive affect uniquely predicts lower risk of mortality in people with diabetes", *Health Psychology*, Vol. 27 , No. 1 , 2008.

Muller, D. , Judd, C. M. , Yzerbyt, V. Y. , "When moderation is mediated and mediation is moderated", *Journal of Personality and Social Psychology*, Vol. 89 , No. 6 , 2005.

Musick, M. A. , Wilson, J. , "Volunteering and depression: The role of psychological and social resources in different age groups", *Social Science and Medicine*, Vol. 56 , No. 2 , 2003.

Nahum-Shani, I. , Bamberger, P. A. , Bacharach, S. B. , "Social support and employee well-being: The conditioning effect of perceived patterns of supportive exchange", *Journal of Health and Social Behavior*, Vol. 52 , No. 1 , 2011.

Nicolas, G. , "Helping on the web: Ethnic stereotypes and computer-mediated communication", *Research Journal of Social Sciences*, Vol. 3 , No. 1 , 2008.

Nosek, B. A. , Banaji, M. R. , Greenwald, A. G. , "E-research: Ethics, security, design, and control in psychological research on the internet", *Journal of Social Issues*, Vol. 58 , No. 1 , 2002.

Ortony, A. , Clore, G. L. , Collins, A. , *The Cognitive Structure of Emotions*, New York: Cambridge University Press, 1988.

Oyserman, D. , Coon, H. M. , Kemmelmeier, M. , "Rethinking individualism and collectivism: Evaluation of theoretical assumptions and meta-analysis", *Psychological Bulletin*, Vol. 128, No. 1, 2002.

Pareek, S., Jain, M., "Subjective well-being in relation to altruism and forgiveness among school going adolescents", *International Journal of Psychology and Behavioral Sciences*, Vol. 2, No. 5, 2012.

Peterson, C., Seligman, M. E. P., *Character Strengths and Virtues: A Handbook and Classification*, Washington, D. C. : APA Press and Oxford University Press, 2004.

Podsakoff, P. M., MacKenzie, S. B., Lee, J. Y., Podsakoff, N. P., "Common method biases in behavioral research: A critical review of the literature and recommended remedies", *Journal of Applied Psychology*, Vol. 88, No. 5, 2003.

Podsakoff, P. M., MacKenzie, S. B., Lee, J. Y., Podsakoff, N. P., "Common method biases in behavioral research: A critical review of the literature and recommended remedies", *Journal of Applied Psychology*, Vol. 88, No. 5, 2003.

Ponterotto, J., "Qualitative research methods: Fifth forth in psychology", *Counseling Psychologist*, Vol. 30, No. 3, 2002.

Robert, G. J., Kimberly, S., Dietz, R., *The Health Benefits of Volunteering*, Washington: National Community Service, 2007.

Rosenberg, M., *Society and the Adolescent Self-image*, Princeton. NJ: Priccetion University Press, 1965.

Ryan, R. M., Deci, E. D., "Self-determination theory and the facilitation of intrinsic motivation, social development, and well-being", *American Psychologist*, Vol. 55, No. 1, 2000.

Scheier, M. F., Carver, C. S., "Effects of optimism on psychological and physical well: Theoretical overview and empirical update", *Cognitive Therapy and Research*, Vol. 16, No. 2, 1992.

Schneider, S. L., "In search of realistic optimism meaning, knowledge, and warm fuzziness", *American Psychologist*, Vol. 56, No. 3, 2001.

Seale, G. S., Berges, I. M., Ottenbacher, J. K., Ostir, G. V., "Change in positive emotion and recovery of functional status following stroke", *Rehabilitation Psychology*, Vol. 55, No. 1, 2010.

Seligman, M. E., Csikszentmihalyi, M., "Positive psychology: An introduction", *American Psychologist*, Vol. 55, No. 1, 2000.

Setliff, A. E., Marnunek, H. H., "The mood regulatory function of autobiographical recall is moderated by self-esteem", *Personality and Individual Differences*, Vol. 38, No. 2, 2002.

Sheldon, K. M., Ellot, A. J., "Goal striving, need satisfaction, and longitudinal well-being: The self-concordance model", *Journal of Personality and Social Psychology*, Vol. 76, 1999.

Sheldon, M., King, L., "Why positive psychology is necessary", *American Psychologist*, Vol. 56, No. 3, 2001.

Shrout, P. E., Bolger, N., "Mediation in experimental and non-experimental studies: New procedures and recommendations", *Psychological Methods*, Vol. 7, No. 4, 2002.

Snyder, C. R., Harris, C., Anderson, J. R., Holleran, S. A., Irving, L. M., Sigmon, S. T., et al., "The will and the ways: Development and validation of an individual differences measure of hope", *Journal of Personality and Social Psychology*, Vol. 60, No. 4, 1991.

Snyder, C. R., "Hope theory: Rainbows in the mind", *Psychological Inquiry*, Vol. 13, No. 4, 2002.

Sommer, K. L., Baumeister, R. F., "Self-evaluation, persistence, and performance following implicit rejection: The role of trait self-esteem", *Personality and Social Psychology Bulletin*, Vol. 28, No. 7, 2002.

Stephen, G. P., "Altruism, happiness, and health: It's good to be good", *International Journal of Behavioral Medicine*, Vol. 12, No. 2, 2005.

Steptoe, A. , Dockray, S. , Wardle, J. , "Positive affect and psychobiological processes relevant to health", *Journal of Personality*, Vol. 77, No. 6, 2009.

Strobel, M. , Tumasjan, A. , Spörrle, M. , "Be yourself, believe in yourself, and be happy: Self-efficacy as a mediator between personality factors and subjective well-being", *Scandinavian Journal of Psychology*, Vol. 52, No. 1, 2011.

Subrahmanyam, K. , Greenfield, P. , "Communicating online: Adolescent relationships and the media", *The Future of Children: Children and Media Technology*, Vol. 18, No. 1, 2008.

Suldo, S. M. , Huebner, E. S. , "Is extremely high life satisfaction during adolescence advantageous?", *Social Indicators Research*, Vol. 78, No. 2, 2006.

Symister, P. , Friend, R. , "The influence of social support and problematic support on optimism and depression in chronic illness: A prospective study evaluating self-esteem as a mediator", *Health Psychology*, Vol. 22, No. 2, 2003.

S. E. Williams, L. J. , "Assumption about unmeasured variables with studies of reciprocal relationships: The case of employee attitudes", *Journal of Applied Psychology*, Vol. 77, 1992.

Tai-Kuei, Y. , Long-Chuan, L. , Tsai-Feng, L. , "Exploring factors that influence knowledge sharing behavior via weblogs", *Computers in Human Behavior*, Vol. 26, No. 1, 2010.

Tamannaeifar, M. R. , Motaghedifard, M. , "Subjective well-being and its sub-scales among students: The study of role of creativity and self-efficacy", *Thinking Skills and Creativity*, Vol. 12, No. 1, 2014.

Taylor, A. B. , MacKinnon, D. P. , Tein, J. Y. , "Tests of the three-path mediated effect", *Organizational Research Methods*, Vol. 11,

No. 2,2008.

Trivers,R. L. ,"The evolution of reciprocal altruism", *The Quarterly Review of Biology*, Vol. 46, No. 1,1971.

Turner, J. W. , Grube, A. , Meyers, J. , " Developing an optimal match within online communities: An exploration of CMC support communities and traditional support", *Journal of Community*, Vol. 55, No. 6,2001.

Wallace, P. M. , *The psychology of the internet*, Cambridge: Cambridge University Press,2001.

Walther, J. B. ,Parks,M. R. ,"Cues filtered out, cues filtered in: Computer-mediated communication and relationships", In: Knapp, M. L. , Daly, J. A. (Eds.), *Handbook of Interpersonal Communication*, Thousand Oaks, CA: Sage,2002.

Wasko, M. , Faraj, S. , " ' It is what one does ': Why people participate and help others in electronic communities of practice", *Journal of Strategic Information Systems*, Vol. 9, No. 2 - 3,2000.

Watson, D. , Clark, L. A. , Tellegen, A. , "Development and validation of brief measures of positive and negative affect: The PANAS scales", *Journal of Personality and Social Psychology*, Vol. 54, No. 6,1988.

Watson, D. ,Clark, L. A. , "Negative affectivity: The disposition to experience aversive emotional states ", *Psychological Bulletin*, Vol. 96, No. 3,1984.

Whitty, M. T. , Joinson, A. N. , *Truth, lies and trust on the internet*, London: Routledge,2009.

Wright, M. F. , Li, Y. , "The associations between young adults' face-to-face prosocial behaviors and their online prosocial behaviors", *Computers in Human Behavior*, Vol. 27, No. 5,2011.

Yuan, Y. , MacKinnon, D. P. , "Bayesian mediation analysis", *Psychological Methods*, Vol. 14, No. 4,2009.

安晓璐：《浅析虚拟社区中的利他行为》，《网络天地》2005 年第 3 期。

卞冉、车宏生、阳辉：《项目组合在结构方程模型中的应用》，《心理科学进展》2007 年第 3 期。

陈建文、王滔：《自尊与自我效能关系的辨析》，《心理科学进展》2007 年第 4 期。

陈向明：《质的研究方法与社会科学研究》，教育科学出版社 2000 年版。

程乐华：《网络心理行为公开报告》，广东经济出版社 2002 年版。

池思晓、龚文进：《大学生网络人际信任与网络社会支持的关系》，《中国健康心理学杂志》2011 年第 1 期。

邓婕、杨淑萍：《中学生利他行为稀缺的道德教育反思》，《教育探索》2014 年第 6 期。

丁迈、陈曦：《网络环境下的利他行为研究》，《现代传播》2009 年第 3 期。

丁新华、王极盛：《青少年主观幸福感研究述评》，《心理科学进展》2004 年第 1 期。

窦炎国：《论道德认知》，《西北师大学报》（社会科学版）2004 年第 6 期。

杜建政、张翔、赵燕：《核心自我评价的结构验证及其量表修订》，《心理研究》2012 年第 3 期。

樊富珉、何瑾：《团体心理辅导》，华东师范大学出版社 2010 年版。

高志奎：《大学生自尊与应对方式的关系：乐观人格特质的中介效应》，《中国特殊教育》2011 年第 7 期。

郭传辉：《大学生希望与自尊、人际关系的关系研究》，硕士学位论文，福建师范大学，2012 年。

郭玉锦、王欢：《网络社会学》，中国人民大学出版社 2010 年版。

韩丽颖：《特质移情和状态移情及其对助人行为的影响研究》，硕士学位论文，东北师范大学，2005 年。

何露、朱翠英：《大学生希望水平、一般自我效能感及生活满意度的关系研究》，《黑龙江教育（高教研究与评估）》2013年第3期。

胡金生、黄希庭：《自谦：中国人一种重要的行事风格初探》，《心理学报》2009年第9期。

胡阳、范翠英、张凤娟、谢笑春、郝恩河：《青少年网络受欺负与抑郁：压力感与网络社会支持的作用》，《心理发展与教育》2014年第2期。

胡志海：《网络不文明行为实施者的心理特点初步研究》，《心理科学》2007年第6期。

黄代翠：《论网络对青少年道德发展的影响》，《中国水运》2008年第1期。

黄玉纤、刘琴、杨茜、张进辅：《大学生自尊在一般自我效能感与就业能力间的中介作用》，《心理研究》2014年第1期。

赖英娟、陆伟明、董旭英：《以结构方程模式探讨台湾大学生自尊、生活目标、希望感及校园人际关系对忧郁情绪之影响》，《教育心理学报》2011年第4期。

李妲、王亮、张素英：《大学生自我效能感与自尊的相关性研究》，《中国健康心理学杂志》2008年第4期。

李岚：《初中生乐观人格特质初步研究》，硕士学位论文，重庆师范大学，2011年。

李炜：《硕士研究生网络利他行为的量表适用性及其与道德判断间的关系》，硕士学位论文，华东师范大学，2012年。

李逸龙：《乐观人格与心理健康、工作绩效的关系及其中介、调节机制》，博士学位论文，天津师范大学，2009年。

廉串德：《跨文化心理学：希望理论与自我效能理论的适用性对比》，社会科学文献出版社2011年版。

梁晓燕：《网络社会支持对青少年心理健康的影响机制研究》，博士学位论文，华中师范大学，2008年。

刘孟超、黄希庭:《希望：心理学的研究述评》,《心理科学进展》2013 年第 3 期。

柳士顺、凌文辁:《多重中介模型及其应用》,《心理科学》2009 年第 2 期。

卢晓红:《网络道德教育应关注网络亲社会行为》,《职业技术教育》(教学版) 2006 年第 26 期。

罗艳红、蔡太生、张斌:《积极人格的研究进展》,《医学和哲学》2011 年第 1 期。

马晓辉、雷雳:《青少年网络道德与其网络亲社会行为的关系》,《心理科学》2011 年第 2 期。

孟慧、梁巧飞、时艳阳:《目标定向、自我效能感与主观幸福感的关系》,《心理科学》2010 年第 1 期。

孟昭兰:《情绪心理学》,北京大学出版社 2005 年版。

彭庆红、樊富珉:《大学生网络利他行为及其对高校德育的启示》,《思想理论教育导刊》2005 年第 12 期。

秦金亮、郭秀艳:《论心理学两种研究范式的整合趋势》,《心理科学》2005 年第 1 期。

邱林、郑雪:《人格特质影响主观幸福感的研究述评》,《自然辩证法通讯》2013 年第 5 期。

邱林、郑雪、王雁飞:《积极情感消极情感量表（PANAS）的修订》,《应用心理学》2008 年第 3 期。

任俊:《积极心理学》,开明出版社 2012 年版。

任俊、叶浩生:《积极人格：人格心理学研究的新取向》,《华中师范大学学报》(人文社会科学版) 2005 年第 4 期。

邵贵平:《关于利他行为与心理健康的研究》,《中国健康心理学杂志》2000 年第 1 期。

宋佳萌、范会勇:《社会支持与主观幸福感关系的元分析》,《心理科学进展》2013 年第 8 期。

宋灵青、刘儒德、李玉环、高振华、李文君：《社会支持、学习观和自我效能感对学习主观幸福感的影响》，《心理发展与教育》2010年第3期。

陶威：《大学生网络使用动机、网络自我效能与网络利他行为的关系研究》，硕士学位论文，福建师范大学，2013年。

田莉娟：《中学生希望特质的评定和干预研究》，硕士学位论文，河北师范大学，2007年。

田录梅：《不同归因方式的诱导对自尊不同学生失败后测验成绩的影响》，《心理发展与教育》2003年第4期。

王才康、胡中锋、刘勇：《一般自我效能感量表的信度和效度研究》，《应用心理学》2001年第1期。

王陈珺：《失落的谦虚：基于中国大学生的考察》，硕士学位论文，中山大学，2010年。

王极盛、李焰、赫尔实：《中国中学生心理健康量表的编制及其标准化》，《社会心理科学》1997年第4期。

王克静、王振宏、戴雅玲：《主观幸福感影响因素的理论与实证简析》，《西安文理学院学报》（社会科学版）2013年第2期。

王丽、王庭照：《青少年亲社会行为研究》，《当代青年研究》2005年第11期。

王眉眉、王丽：《大学生核心自我评价、应对方式与社会适应的关系》，《中国健康心理学杂志》2013年第5期。

王士雷：《高中生主观幸福感对学业成就影响的研究》，硕士学位论文，东北师范大学，2008年。

王小璐、风笑天：《网络中的青少年利他行为新探》，《广东青年干部学院学报》2004年第3期。

王宇清、龙立荣、周浩：《消极情绪在程序和互动不公正感与员工偏离行为间的中介作用：传统性的调节机制》，《心理学报》2012年第12期。

危敏：《大学生网络亲社会行为的研究》，硕士学位论文，山东大学，2007 年。

温忠麟、侯杰泰、张雷：《调节效应与中介效应的比较和应用》，《心理学报》2005 年第 2 期。

温忠麟、刘红云、侯杰泰：《调节效应和中介效应分析》，教育科学出版社 2012 年版。

温忠麟、张雷、侯杰泰、刘红云：《中介效应检验程序及其应用》，《心理学报》2004 年第 5 期。

谢威士：《大学生谦虚问卷的编制及初步应用》，硕士学位论文，南京师范大学，2011 年。

谢威士、刘中和：《大学生谦虚心理现状及其特征分析》，《石家庄学院学报》2011 年第 3 期。

徐庆春：《大学生网络社会支持与网络利他行为的关系：一个有调节的中介模型》，硕士学位论文，华中师范大学，2014 年。

燕国材：《论谦虚心与学习》，《上海教育科研》2010 年第 10 期。

杨慧芳、郭永玉：《大学生个人奋斗、人格特质与主观幸福感的关系》，《心理发展与教育》2008 年第 3 期。

杨集梅、郑涌、徐莹：《积极情绪研究述评：健全人格的视角》，《西南大学学报》（社会科学版）2009 年第 2 期。

杨智辉：《心理学研究方法中定量研究和质性研究的发展与整合》，《中国健康心理学杂志》2011 年第 12 期。

杨智榕：《体验教育是青少年道德品质培养的重要途径》，《河北大学学报》（哲学社会科学版）2015 年第 1 期。

叶艳晖：《大学生主观幸福感研究述评》，《唐山师范学院学报》2013 年第 1 期。

余兰：《大学生 BBS 交往中的网络角色研究》，硕士学位论文，西南大学，2007 年。

岳颂华、张卫、黄红清、李董平：《青少年主观幸福感、心理健康及其与应对方式的关系》，《心理发展与教育》2006 年第 3 期。

张敏、陈志霞：《希望特质在生活事件与自杀意念关系中的调节作用》，《中国特殊教育》2013 年第 2 期。

张敏、王乐乐、刘静：《感戴对网络利他行为的影响：现实利他行为的中介作用》，《中国特殊教育》2014 年第 4 期。

张微、江光荣、陈佳、贺金波、朱旭、鲍远纯等：《555 例危险行为高危青少年的心理干预：来自个体辅导和团体辅导的效果对照》，《心理科学》2014 年第 1 期。

张向葵、张林、赵义泉：《关于自尊结构模型的理论建构》，《心理科学》2004 年第 4 期。

张钊：《个人目标、自我效能感与主观幸福感：一项纵向研究》，硕士学位论文，华中师范大学，2007 年。

赵欢欢、张和云：《大学生网络交往动机与网络利他行为：网络人际信任的中介作用》，《心理研究》2013 年第 6 期。

赵欢欢、张和云、刘勤学、王福兴、周宗奎：《大学生特质移情与网络利他行为：网络社会支持的中介效应》，《心理发展与教育》2012 年第 5 期。

赵会青：《大学生移情问卷的编制及其与感戴的关系研究》，硕士学位论文，河北师范大学，2010 年。

赵淑娟：《中学生感恩、社会支持与自我价值感的关系研究》，硕士学位论文，河南大学，2010 年。

郑丹丹、凌智勇：《网络利他行为研究》，《浙江学刊》2007 年第 4 期。

郑显亮：《大学生网络利他行为：量表编制与多层线性分析》，博士学位论文，上海师范大学，2010 年。

郑显亮：《大学生网络利他行为量表在中学生中的信效度检验》，《中华行为医学与脑科学杂志》2012 年第 9 期。

郑显亮：《网络利他行为的理论与实证研究》，中国社会科学出版社

2013 年版。

郑显亮、顾海根：《人格特征与网络利他行为：自尊的中介作用》，《中国特殊教育》2012 年第 2 期。

郑显亮、顾海根：《学校背景变量对大学生网络利他行为与网络行为偏好关系的影响》，《中国特殊教育》2013 年第 5 期。

郑显亮、张婷、袁浅香：《自尊与网络利他行为的关系：通情的中介作用》，《中国临床心理学杂志》2012 年第 4 期。

郑显亮、赵薇：《共情、自我效能感与网络利他行为的关系》，《中国临床心理学》2015 年第 2 期。

周浩、龙立荣：《共同方法偏差的统计检验与控制方法》，《心理科学进展》2004 年第 6 期。

周明洁、张建新：《心理学研究方法中"质"与"量"的整合》，《心理科学进展》2008 年第 1 期。